SEJA FORA DO NORMAL

Márcio Cerbella

Autor:
MÁRCIO CERBELLA

Edição e Coordenação Editorial:
JOÃO ABREU

Revisão:
GABRIELA BAUMAM

Projeto Gráfico e Diagramação:
RODRIGO CAIRO

Capa:
RODRIGO CAIRO

Dados Internacionais de Catalogação na Publicação (CIP)
(eDOC BRASIL, Belo Horizonte/MG)

Cerbella, Márcio.
C412s Seja Fora do Normal: Descubra como usar (e até desbloquear) sua criatividade para alcançar resultados incríveis / Márcio Cerbella. – Rio de Janeiro, RJ: Insight, 2024.
240 p. : il. ; 14 x 21 cm

ISBN 978-65-984447-4-7

1. Autoconhecimento. 2. Desenvolvimento pessoal. 3. Técnicas de autoajuda. 4. Criatividade. I. Título.

CDD 158.1

Elaborado por Maurício Amormino Júnior – CRB6/2422

NoTa do eDitOR

O mundo está diferente! A pandemia acelerou a transformação digital e a Inteligência Artificial cada vez mais faz parte do nosso cotidiano. A produção de conhecimento e o volume de informações aumentam exponencialmente, em uma velocidade insana.

O mundo fica diferente a cada dia, mas as pessoas continuam iguais — ao menos a maioria delas. Muita gente ainda busca fórmulas prontas para alcançar o sucesso. Parece insanidade, como diria Albert Einstein, mas as pessoas continuam fazendo as mesmas coisas que sempre fizeram, esperando conseguir resultados que nunca tiveram.

Mas algumas pessoas são diferentes, como o Márcio Cerbella, o *Coach* Fora do Normal.

Cerbella escreveu um livro para quebrar paradigmas. Ele te convida a sonhar para transformar o seu futuro. Afinal, grandes feitos da humanidade começaram com um sonho.

Seja Fora do Normal é um livro que vai te desafiar. Em cada capítulo, o autor compartilha suas experiências e traz ferramentas para que você possa explorar o seu potencial criativo e sua capacidade de realização!

Permita-se seguir as instruções do autor e use sua criatividade (sim, você tem, e o Márcio te ajuda a desbloquear) para enfrentar desafios sob novas perspectivas, encontrar criar oportunidades e alcançar seus objetivos.

Espero que, ao final desta leitura, você possa assumir sua real identidade e se transformar em uma pessoa fora do normal.

João Abreu
Editor, Consultor Editorial e Ghostwriter
Fundador da Livraria Insight

DediCatóRiA

Aos meus queridos familiares e amigos.

À minha esposa, Mônica, pelo amor incondicional e apoio constante.

Às minhas filhas, Luana e Júlia, ao meu filho, Ítalo, às minhas irmãs, Mônica, Neide e Kity, ao meu genro, Matheus, aos meus cunhados, Rodrigo, Simone e Alfredo, pela inspiração diária e pelas lições de vida.

À minha neta, Luma, que traz alegria e esperança para o futuro.

A todos os meus amigos, colegas e coachees que acreditaram e compartilharam esta jornada comigo.

Dedico este livro a vocês, que me ensinaram o verdadeiro significado de ser fora do normal.

AgraDeCiMentoS

Primeiramente, agradeço a Deus,

por me guiar e dar força em cada passo desta jornada.

À minha família,

Mônica, Luana, Júlia, Ítalo e Luma, pelo amor, compreensão e paciência incondicionais. Vocês são minha maior fonte de inspiração e felicidade.

À EMECF Educação Empreendedora,

por me proporcionar um espaço para crescer, inovar e impactar vidas. A todos os colaboradores e parceiros, especialmente à Luana Fiuza Freire, pela dedicação e apoio fundamentais para o sucesso deste projeto.

Aos meus amigos e mentores,

que, com suas palavras de encorajamento e sabedoria, ajudaram a moldar minhas ideias e transformá-las em realidade.

Aos meus coachees,

que confiaram em mim e permitiram que eu fizesse parte de suas jornadas. Vocês são a prova viva de que ser fora do normal é possível e transformador.

A todos os leitores,

que embarcaram nesta jornada comigo. Espero que este livro traga tanto valor e inspiração quanto trouxe para mim ao escrevê-lo.

E, finalmente, a todos que, de alguma forma, contribuíram para a realização deste livro, meus sinceros agradecimentos. Cada palavra, gesto e apoio foram essenciais para que este projeto se tornasse realidade.

SUMÁRIO

NOTA DO EDITOR 3

DEDICATÓRIA 5

AGRADECIMENTOS 7

PREFÁCIO 11

INTRODUÇÃO 15

CAPÍTULO 1
Você tem capacidade de sonhar? 17

CAPÍTULO 2
Você conversa com a sua voz interior? 33

CAPÍTULO 3
Você usa sua intuição? 47

CAPÍTULO 4
O que traz você para dentro da caixa da normalidade óbvia? 55

CAPÍTULO 5
Qual sua fonte de criatividade ilimitada? 69

CAPÍTULO 6
Você se sente sozinho no momento da criação? . . 81

CAPÍTULO 7
Você cria com empatia? 93

CAPÍTULO 8
A Criatividade de outras pessoas é motivo para você se sentir imobilizado? 105

CAPÍTULO 9
Seu ego está no controle, levando você a acreditar que o que você cria é melhor do que qualquer outra pessoa poderia fazer? 119

CAPÍTULO 10
Quem você pensa que é? 129

CAPÍTULO 11
Por que você tem o dom da Criatividade? 141

CAPÍTULO 12
Suas criações têm tons musicais que poderiam ser ouvidos a distância? 161

CAPÍTULO 13
Quando você se coloca em situações imaginárias para uso de suas criações? 181

CAPÍTULO 14
Você já ensinou ajudou alguém a criar algo? 201

CAPÍTULO 15
Quais métodos você já usou que deram certo no seu processo criativo? 213

CAPÍTULO 16
O que você faz para mudar sua situação atual? . . 223

BÔNUS. 237

EPÍLOGO. 239

pREfáCio

Por Luana Fiuza Freire, Diretora de Ação da EMECF

Quando fui convidada pelo Márcio para escrever o prefácio deste livro, senti-me honrada e animada. Conhecendo o autor e sua trajetória, sabia que este livro seria uma fonte inesgotável de inspiração e motivação, e, mais do que isso, transformaria a vida de muitas pessoas, como o Márcio costuma fazer em seus treinamentos e consultorias. "Seja Fora do NoRmaL" não é apenas um livro, é um movimento, uma nova forma de encarar a vida e os desafios que ela nos apresenta.

Márcio sempre acreditou que cada pessoa tem um potencial extraordinário, e através de suas experiências e conhecimentos, ele compartilha neste livro maneiras de desbloquear esse potencial. Como diretora de ação da EMECF, vejo diariamente o impacto positivo que uma mudança de mentalidade pode causar. Este livro é um reflexo disso. Prepare-se para uma leitura transformadora, que desafia suas crenças e o incentiva a buscar uma vida plena e significativa.

O mundo
está cheio
de pessoas
normais,

Seja Fora do NoRmaL

iNTroDuçãO

O livro "Seja Fora do NoRmaL" surge em um momento em que ser comum não é mais uma opção. Vivemos em uma sociedade que valoriza a inovação, a criatividade e a capacidade de transformar sonhos em realidade. Este livro é um convite para você desafiar o *status quo*, explorar suas capacidades e abraçar a singularidade que cada um de nós possui. Aqui, você encontrará ferramentas práticas, histórias inspiradoras e atividades dinâmicas para despertar seu potencial e guiá-lo em uma jornada de autodescoberta e realização. Esteja pronto para sair da zona de conforto e descobrir o poder de ser "fora do normal".

A inspiração para este livro nasceu das observações e questionamentos que surgiram durante minha atuação profissional, especialmente como *coach* e consultor de negócios, e também a partir das perguntas que recebi em meu *podcast*, "*Coaching* da Criatividade". A combinação dessas experiências com minhas reflexões sobre a importância de desafiar os padrões estabelecidos e buscar maneiras inovadoras de viver e trabalhar me motivou a escrever este livro.

CAPÍTULO 1

VOCÊ TEM CAPACIDADE DE SONHAR?

PizZa dE aLiCHe

VOCÊ TEM CAPACIDADE DE SONHAR?

A Importância de Sonhar: Uma Analogia com a Pizza de Aliche

Parecia muito simples responder a essa questão, pois desde cedo aprendi a sonhar até mesmo acordado. Quando percebi que conseguia realizar boa parte dos meus sonhos, me acostumei com essa ideia e passei a amar o ato de sonhar. No entanto, vejo que muitos dos meus amigos, clientes e até coachees compartilham uma crença quase comum: a incapacidade de sonhar de maneira livre e simples.

Resgatando a Capacidade de Sonhar

Eu tinha cerca de sete anos, e estava em um restaurante com minha família e alguns amigos. Pediram uma pizza de aliche, e eu fiquei curioso em experimentar, talvez por causa do nome diferente. Mas me disseram que naquele dia eu não poderia comer, pois aquela era uma pizza apenas para adultos. A partir dali, passei a sonhar com a pizza de aliche.

Eu gosto de usar a minha história com a pizza de aliche como uma brincadeira para resgatar a capacidade de sonhar. Essa atividade serve para mostrar que você pode sonhar com coisas simples, como um desejo por uma comida, até coisas mais profundas, como alcançar a liberdade financeira. Enfim, você pode sonhar com o que quiser!

Você pode sonhar com uma nova criação, um conteúdo inédito, ou com uma visibilidade gigantesca para seus textos, vídeos ou áudios. Não importa qual seja o seu sonho, o importante é que você sonhe de maneira livre e simples, e, de preferência, que registre esses sonhos em algum lugar.

A brincadeira com a história da pizza de aliche é uma forma de possibilitar que cada um sonhe do seu jeito, enfatizando que cada pessoa pode sonhar com o que quiser. Escolhi a analogia da pizza de aliche porque um dia o meu maior desejo era comer essa pizza. Isso mostra que cada um tem sua forma de sonhar e que os sonhos não precisam ser coisas mirabolantes; você pode sonhar com coisas simples, algo que diga respeito simplesmente ao que você deseja em seu íntimo.

Realização de um Sonho

Eu não sabia que era tão difícil encontrar, mas não sosseguei enquanto não comi uma deliciosa pizza de aliche em um restaurante no Leblon, no Rio de Janeiro. O meu desejo não era apenas sobre comer uma pizza, mas sim sobre realizar um sonho. Lembrar da alegria contagiante das pessoas que estavam comigo naquele momento me remete a tantas coisas além do sabor. E o que eu aprendi com isso?

Aprendi que o sonho é nosso, então podemos sonhar com o que quisermos e da forma que desejarmos. É a loucura ou a simplicidade de sonhar que conta.

A Importância de Sonhar

Sonhar livremente é um exercício essencial para o nosso bem-estar mental e emocional. Permitir-se sonhar, mesmo com coisas aparentemente simples, é um passo importante para a realização pessoal. Sonhar nos dá esperança, direção e a motivação necessária para alcançar nossos objetivos.

O Poder da Simplicidade

A analogia da pizza de aliche nos lembra do poder da simplicidade. Muitas vezes, pensamos que os sonhos precisam ser grandiosos para serem válidos, mas os sonhos simples também têm seu valor. Eles são acessíveis, alcançáveis e podem trazer uma enorme satisfação.

Registre Seus Sonhos

Uma prática recomendada é registrar seus sonhos. Anote-os em um diário ou em um documento digital. Revisite esses registros como uma fonte de inspiração e motivação contínua. Isso não só ajuda a manter seus sonhos vivos na memória, mas também a acompanhar seu progresso em direção à realização deles.

Compartilhe Seus Sonhos

Compartilhar seus sonhos com outras pessoas pode ser uma experiência enriquecedora. Ao falar sobre seus sonhos, você cria uma rede de apoio que pode oferecer encorajamento e até mesmo oportunidades para alcançar seus objetivos. Além disso, ouvir os sonhos dos outros pode te inspirar a sonhar ainda mais.

Transforme Sonhos em Realidade

Para transformar sonhos em realidade, é importante agir. Sonhar é o primeiro passo, mas a realização exige planejamento e esforço. Defina metas claras e passos concretos para alcançar seus sonhos. Mesmo os pequenos progressos são importantes e devem ser celebrados.

A Arte de Sonhar: Além do Imaginário

Sonhar como um Ato de Coragem

Sonhar é, muitas vezes, visto como um ato de coragem. Requer a capacidade de visualizar um futuro diferente, mais brilhante e cheio de possibilidades. Sonhar significa acreditar em algo maior, em algo que ainda não existe, mas que pode ser criado.

O Papel dos Sonhos na Criatividade

Os sonhos têm um papel crucial na criatividade. Eles nos permitem explorar novas ideias e possibilidades sem as limitações do mundo real. Muitos inventores, artistas e cientistas creditaram suas descobertas e criações aos sonhos que tiveram.

Sonhar e a Motivação Pessoal

Os sonhos nos motivam a seguir em frente, a superar obstáculos e a continuar trabalhando em direção aos nossos objetivos. Eles nos dão uma razão para acordar todas as manhãs e enfrentar o dia com determinação e entusiasmo.

Sonhar na Prática: Exercícios e Técnicas

Exercício de Visualização Criativa

Um dos métodos mais eficazes para transformar sonhos em realidade é a visualização criativa. Esse exercício envolve imaginar vividamente seu sonho como se ele já tivesse sido realizado. Isso não apenas aumenta a motivação, mas também ajuda a criar um plano claro e detalhado para alcançar seus objetivos.

Passos para a Visualização Criativa

Encontre um lugar tranquilo onde você possa relaxar sem distrações.

Feche os olhos e respire profundamente várias vezes para acalmar a mente.

Visualize seu sonho em detalhes. Imagine como seria alcançá-lo, o que você veria, ouviria e sentiria.

Passe alguns minutos imerso nessa visualização, permitindo-se sentir a alegria e satisfação de ter realizado seu sonho.

Anote qualquer *insight* ou sentimento que surgir durante a visualização.

Diário de Sonhos

Manter um diário de sonhos pode ser extremamente útil para acompanhar seu progresso e manter a motivação. Anote seus sonhos diariamente, incluindo detalhes sobre eles. Revise o diário regularmente para ter novas ideias e ajustar seus planos conforme necessário.

Dicas para Manter um Diário de Sonhos

Anote seus sonhos assim que acordar para capturar todos os detalhes.

Inclua não apenas o que você sonhou, mas também como se sentiu e qualquer *insight* que tenha tido.

Use o diário para refletir sobre seus sonhos e identificar padrões ou temas recorrentes.

Grupo de Sonhadores

Participar de um grupo de sonhadores pode ser uma excelente maneira de compartilhar suas aspirações e obter apoio. Esses grupos oferecem um espaço seguro para discutir seus sonhos, receber *feedback* e se inspirar com as histórias de outras pessoas.

Sim, existem grupos de pessoas que compartilham seus sonhos de maneira livre e colaborativa! É fascinante como os sonhos podem conectar as pessoas, não é? Essas conexões podem acontecer de diversas formas:

Plataformas *On-line*

Redes sociais: grupos no Facebook, comunidades no Reddit e *hashtags* no X (antigo Twitter) (#dreams, #sonhos) reúnem pessoas interessadas em compartilhar e interpretar sonhos.

Fóruns *on-line*: *sites* como o Dream Views e o Reddit possuem fóruns dedicados à discussão de sonhos, onde usuários relatam suas experiências e trocam ideias.

Aplicativos: *apps* como o Dream Drop permitem que você compartilhe seus sonhos anonimamente com base na sua localização, além de oferecer estatísticas sobre os sonhos mais comuns.

Grupos Presenciais

Encontros de interpretação de sonhos: algumas comunidades organizam encontros presenciais para discutir sonhos em grupo, com a facilitação de um profissional ou de forma autônoma.

Grupos de estudos sobre sonhos: universidades e centros de pesquisa podem ter grupos de estudos sobre sonhos, que se reúnem para discutir pesquisas e teorias relacionadas ao tema.

Círculos de amigos e familiares: muitas pessoas compartilham seus sonhos com amigos e familiares próximos, criando um espaço de intimidade e troca de experiências.

Convite Especial: Para quem deseja se conectar com outras pessoas que também valorizam a troca de sonhos e a busca por significado, convido você a participar do grupo "Sonhando Juntos" no WhatsApp. É um espaço acolhedor e inspirador, onde você poderá compartilhar suas aspirações, ouvir as experiências de outros sonhadores e crescer junto com essa comunidade. Se estiver interessado, basta escanear o *QR code* abaixo e se juntar a nós nessa jornada de descoberta e criatividade!

Benefícios de Participar de um Grupo de Sonhadores

Aumento da motivação através do apoio mútuo.

Novas perspectivas e ideias para alcançar seus sonhos.

Oportunidade de ajudar os outros a alcançarem seus sonhos, criando um senso de comunidade e propósito.

Superando Barreiras para Sonhar

Identificando Limitações Internas

Muitas vezes, as maiores barreiras para sonhar estão dentro de nós. Medos, dúvidas e crenças limitantes podem nos impedir de sonhar livremente. Identificar e enfrentar essas limitações é o primeiro passo para liberar todo o nosso potencial.

Desenvolvendo a Autoconfiança

A autoconfiança é essencial para sonhar e realizar tais sonhos. Acredite em sua capacidade de alcançar o que deseja. Celebre suas conquistas, por menores que sejam, e use-as como base para construir uma confiança ainda maior.

Inspirando-se em Histórias de Sucesso

Exemplos de Sonhos Realizados

Estudar histórias de pessoas que realizaram seus sonhos pode ser uma fonte poderosa de inspiração. Veja como eles superaram obstáculos, mantiveram a motivação e alcançaram seus objetivos. Essas histórias podem fornecer *insights* valiosos e encorajamento para sua própria jornada.

Para ilustrar, vou trazer três exemplos de sonhos que se tornaram realidades famosas.

O filme "Avatar", sucesso de bilheteria, foi inspirado em um sonho de seu diretor. "Acordei depois de sonhar com esse tipo de floresta bioluminescente", disse James Cameron em uma entrevista.

O processo criativo da música "Yesterday", dos Beatles, foi descrito pelo biógrafo Peter Ames Carlin na biografia "Paul McCartney: A Life". Carlin diz que Paul McCartney sonhou com uma melodia e assim que acordou foi para o piano e começou a tocar a canção.

Em 1869, o cientista russo Dmitri Mendeleiev sonhou com uma tabela na qual todos os elementos químicos se encaixavam e eram organizados. Ao acordar, escreveu o que sonhou em um pedaço de papel, o que logo depois se tornaria a tabela periódica. O mais curioso é que a tabela ainda tinha espaços em branco, que seriam para os elementos que seriam descobertos posteriormente.

O Poder Transformador dos Sonhos

Sonhar é uma habilidade essencial que nos impulsiona a alcançar nossas aspirações e viver uma vida plena. Seja através de sonhos simples, como o desejo de comer uma pizza de aliche, ou através de grandes ambições, a capacidade de sonhar é o que nos mantêm motivados e engajados na busca pela realização pessoal.

Incentivo você a continuar sonhando, a registrar seus sonhos e a compartilhar suas aspirações com os outros. Lembre-se de que cada sonho, por menor que seja, tem o poder de transformar sua vida e trazer alegria e realização.

Permita-se sonhar livremente e trabalhe para transformar esses sonhos em realidade. Porque, no final das contas, a criatividade e a capacidade de sonhar são o que nos tornam humanos e nos permitem criar um mundo melhor.

aTiViDadeS

PARA DESPERTAR A CRIATIVIDADE E A CAPACIDADE DE SONHAR

Coloque uma música para relaxar, é fácil, você pode encontrar músicas de relaxamento no YouTube ou utilizar um dos meus *podcasts*.

Feche os seus olhos e se permita sonhar; reserve alguns minutos para isso.

Depois que abrir os olhos, faça uma lista dos seus sonhos e defina em quanto tempo você quer realizar cada um deles. Porém, por enquanto, você não vai fazer isso de maneira muito específica, simplesmente vai classificar os SONHOS como de CURTO, MÉDIO ou LONGO PRAZO.

Coloque na lista quantos sonhos você conseguir e enumere, 1, 2, 10, não importa; é a sua possibilidade. Experimente sonhar, anote tudo o que você deseja que se transforme em realidade.

Tudo começa com essa atividade, mas o grande objetivo dessa simples questão é mostrar que todos nós, de alguma forma, temos a capacidade de sonhar.

Acredite, esse exercício é poderoso. Faça a sua lista e você vai se surpreender!

Quando você começar a sonhar e descobrir que tem poder para realizar os seus sonhos, nunca mais vai querer parar de sonhar.

SoNhe

E TRANSFORME SEU FUTURO EM REALIDADE!

CAPÍTULO 2

VOCÊ CONVERSA COM SUA VOZ INTERIOR?

VOCÊ CONVERSA COM SUA VOZ INTERIOR?

Dialogando com a Voz Interior

A Natureza da Voz Interior

Minha resposta é que sim, converso com minha voz interior o tempo inteiro. É interessante que, às vezes, até discuto com ela, chegando ao ponto de travar verdadeiras batalhas internas. Mas o que exatamente é a nossa voz interior? Ela existe com base nas crenças e valores de cada um, é formada por tudo aquilo que vimos, ouvimos e vivemos em nossa trajetória. Essa voz, fruto de nossas experiências e do nosso subconsciente, dialoga conosco constantemente. Compreender como ela funciona nos ajuda a obter bons resultados com nossas ideias e criações.

A Infância e as Primeiras Referências

Voltando à minha infância, no início dos anos 70, encontrei algumas referências que me ajudaram a entender esse processo. Aos domingos, pela manhã, quase que regularmente, meu pai me levava para assistir às matinês no cinema Carioca, na Tijuca. Na maioria das sessões, assistíamos a episódios de “Tom e Jerry”. Mais tarde, essa animação passou a ser transmitida na televisão aberta e, ainda hoje, pode ser vista em alguns canais de TV por assinatura.

A trama era composta por Tom, um gato aparentemente bonzinho e bobo, que constantemente caçava seu rival Jerry, um ratinho esperto e bem-humorado. Quase sempre, Tom falhava em capturar Jerry. Durante suas aventuras, os dois personagens eram frequentemente influenciados por suas vozes interiores, representadas por um diabinho e um anjinho, simbolizando o bem e o mal. Essas vozes diziam coisas como:

“Se você fizer isso, vai ser muito bom.”

“Vá lá e destrua a vida dele.”

“Cuidado, isso vai ser muito ruim para você.”

Essas representações de diálogos internos, comuns em filmes, desenhos e quadrinhos, refletem o que experimentamos em nossas mentes.

Compreendendo o Diálogo Interno

A voz interior é como um eco de tudo o que já pensamos e sentimos ao longo da vida. É um diálogo constante que ocorre em nossa mente. Algumas ideias são claras e conscientes, enquanto outras se formam de forma mais sutil, quase subconsciente, sem que a gente perceba. Um fator importante que influencia essa conversa interna é o medo, que tem a função de nos proteger de sofrimentos. Essa vozinha fica falando uma série de coisas.

Por exemplo, quando você vai fazer um investimento e está certo de que precisa disso, a vozinha interior diz: "Você vai gastar dinheiro com isso? Pense nos prazeres que você poderia ter, como ir a uma churrascaria". Ao mesmo tempo, outra voz contrapõe: "Se você investir em autoconhecimento, em breve poderá fazer muito mais do que faz agora".

Esses diálogos, muitas vezes, refletem nossas crenças e valores mais profundos, influenciando nossas ações e decisões. Aprender a ouvir e compreender sua voz interior é o primeiro passo para construir uma vida mais autêntica e feliz.

A Importância da Autoconfiança e da Autoestima

Esses diálogos internos ocorrem constantemente, e é necessário entrar conscientemente nessa conversa para tomar decisões baseadas em seus aprendizados, na sua jornada e nas experiências que fortalecem sua autoconfiança. Quanto mais elevada estiver sua autoestima, mais fácil será lidar com esses diálogos internos. Se algo em sua mente ainda te incomodar ou perturbar, você pode ter mais clareza de que a decisão que tomou é a melhor escolha para você.

Às vezes, a voz interior que discorda de nossas escolhas continua a gritar, tentando nos fazer mudar de opinião. Na verdade, quando os argumentos dela se esgotam, essa voz começa a gritar ainda mais alto, uma tática típica de ignorantes. Nesses momentos, temos que tomar as rédeas da conversa e assumir o controle para silenciar essa voz e tomar decisões conscientes.

A Influência da Voz Interior em Nossas Decisões

A Voz do Medo

O medo é um dos principais componentes da nossa voz interior. Ele age como um mecanismo de defesa, tentando nos proteger de possíveis sofrimentos e fracassos. Quando estamos prestes a tomar uma decisão importante, essa voz interior pode nos questionar, gerando insegurança e hesitação. É crucial reconhecer o papel do medo e aprender a lidar com ele de maneira construtiva.

A Voz da Razão

Além do medo, a voz interior também pode representar a razão e a lógica. Ela nos ajuda a analisar situações de maneira objetiva, considerando os prós e contras antes de tomar uma decisão. Essa voz é essencial para garantir que nossas escolhas sejam bem pensadas e fundamentadas.

A Voz da Intuição

Outra parte da nossa voz interior é a intuição. Ela nos guia com base em sentimentos e percepções que não são facilmente explicáveis pela lógica. Muitas vezes, a intuição nos oferece *insights* valiosos e soluções criativas que não estariam acessíveis apenas pela razão.

Fortalecendo o Diálogo Interno Positivo

Práticas de Meditação e *Mindfulness*

Uma das maneiras mais eficazes de fortalecer o diálogo interno positivo é através da meditação e da prática de *mindfulness*. Essas técnicas ajudam a acalmar a mente, permitindo que você observe seus pensamentos e sentimentos sem julgamento. Com a prática regular, você pode desenvolver uma maior consciência sobre sua voz interior e aprender a cultivar um diálogo mais positivo e construtivo.

Passos para a Meditação *Mindfulness*

Encontre um lugar tranquilo e sente-se confortavelmente.

Feche os olhos e concentre-se na sua respiração, observando o ar entrando e saindo do seu corpo.

Permita que os pensamentos venham e vão sem se prender a eles. Apenas observe.

Se sua mente divagar, gentilmente traga seu foco de volta para a respiração.

Pratique por 10-15 minutos diariamente, aumentando o tempo gradualmente.

Registro de Pensamentos

Manter um diário onde você registra seus pensamentos e diálogos internos pode ser uma ferramenta poderosa para o autoconhecimento. Ao escrever, você pode identificar padrões de pensamento e entender melhor como sua voz interior influencia suas decisões. Rever essas anotações regularmente pode fornecer *insights* valiosos e ajudar a promover um diálogo interno mais saudável.

Dicas para Manter um Diário de Pensamentos

Anote seus pensamentos assim que acordar e antes de dormir.

Inclua reflexões sobre decisões importantes e como você se sentiu durante o processo.

Revise suas anotações semanalmente para identificar padrões e áreas de melhoria.

Terapia e *Coaching*

Buscar a ajuda de um terapeuta ou *coach* pode ser extremamente benéfico para desenvolver um diálogo interno mais positivo. Esses profissionais podem fornecer técnicas e estratégias para lidar com pensamentos negativos e fortalecer sua autoestima. A terapia cognitivo-comportamental (TCC), por exemplo, é uma abordagem eficaz para transformar padrões de pensamento disfuncionais.

Aplicando o Diálogo Interno Positivo na Vida Cotidiana

Tomada de Decisões Consciente

Ao desenvolver um diálogo interno positivo, você se torna mais consciente de suas escolhas e das razões por trás delas. Isso permite que você tome decisões de maneira mais deliberada e alinhada com seus valores e objetivos. Sempre que enfrentar uma decisão difícil, reserve um momento para refletir sobre suas opções e ouvir sua voz interior com clareza e compaixão.

Autoafirmações

Praticar autoafirmações é uma maneira eficaz de reforçar um diálogo interno positivo. Repetir frases motivadoras e encorajadoras pode ajudar a substituir pensamentos negativos por positivos. Escolha afirmações que ressoem com você e repita-as diariamente, especialmente em momentos de dúvida ou estresse.

Exemplos de Autoafirmações

"Eu sou capaz e confiante em minhas decisões."

"Eu mereço sucesso e felicidade."

"Eu confio na minha intuição e sabedoria interior."

Cultivando a Autocompaixão

A autocompaixão é uma prática essencial para manter um diálogo interno saudável. Trate-se com a mesma gentileza e compreensão que você ofereceria a um amigo querido. Quando enfrentar desafios ou cometer erros, lembre-se de que todos somos imperfeitos e suscetíveis a dificuldades. A autocompaixão permite que você se recupere mais rapidamente e com maior resiliência.

O Poder do Diálogo Interno

O diálogo interno desempenha um papel crucial na forma como vivenciamos o mundo e tomamos decisões. Compreender e cultivar uma voz interior positiva e equilibrada pode transformar significativamente nossa vida. Ao desenvolver práticas como meditação, registro de pensamentos e autoafirmações, podemos fortalecer nossa autoconfiança e promover um maior bem-estar emocional.

Incentivo você a explorar sua própria voz interior e a trabalhar para criar um diálogo que seja edificante e fortalecedor. Lembre-se de que você tem o poder de controlar suas conversas internas e de moldar suas percepções e experiências. A jornada para um diálogo interno positivo é contínua, mas os benefícios são profundos e duradouros.

aTiViDadeS

Aqui vão duas dicas para você lidar com a sua voz interior.

DiCA 1: Minha maneira de fazer isso (funciona para mim, pode não funcionar da mesma forma para você) é a seguinte: quando essa vozinha interior fala algo que eu consigo avaliar e perceber que aquilo não faz mais sentido para mim e que eu vou escolher, de forma consciente, seguir por outro caminho, eu viro para ela e digo: "Obrigado por compartilhar, obrigado por compartilhar".

Eu converso, sim, com a minha voz interior e digo a ela "obrigado por compartilhar". Quando eu falo isso, eu me livro dessa voz e ela para de gritar na minha mente. Então sigo minha escolha sem sofrimento e essa voz já não vai mais me perturbar, porque ela ficou ciente de que eu tomei a minha decisão com segurança.

Experimente conversar com sua voz interior e, quando estiver decidido de sua escolha, agradeça mentalmente a ela por sua intervenção. A minha frase é "obrigado por compartilhar", mas você pode escolher a sua. O importante é experimentar, pois provavelmente isso vai te permitir tomar decisões e seguir adiante sem remorsos.

DICA 2: Essa dica serve para seus momentos de sucesso. Já reparou que quando conseguimos algo importante ou muito desejado, ficamos felizes, mas em seguida vem a vozinha e fala: "Ei, isso não é nada demais", "Você se acha, hein?", "Será que você merece mesmo isso?"? Isso ocorre porque escutamos o tempo inteiro que não devemos nos vangloriar, não devemos ousar muito, que não depende só de nós, ou até mesmo que um raio não cai duas vezes no mesmo lugar.

Então experimente o seguinte: após cada conquista, celebre com entusiasmo! Serre seu punho dominante e, como se tivesse feito um gol, fale em voz alta: "SIM, eu posso!". Em seguida, converse mentalmente com a sua vozinha interior, dizendo: "Eu sempre consigo, eu mereço, eu faço acontecer! Vem mais sucesso por aí!". Essa prática vai treinar sua mente para o sucesso e facilitar a sua jornada.

Essas técnicas fazem sentido na minha vida e usá-las tem me ajudado a dominar a minha voz interior, permitindo que eu assuma o controle da minha mente e das minhas conquistas. Essas técnicas têm sido transformadoras na minha vida! Ao dominá-las, consegui silenciar as vozes negativas e fortalecer minha confiança. Os resultados têm sido tão positivos que compartilhamos essas técnicas com nossos alunos e *coachees* na EMECF Educação Empreendedora, onde eles também têm experimentado grandes transformações.

Você se comunica com a sua voz interior? Como você dialoga com as vozes que representam suas dúvidas e suas certezas? Permite que pensamentos negativos te controlem ou utiliza suas ferramentas e conhecimentos para tomar decisões mais assertivas? Como você conversa com essa vozinha interior? Você a ignora, a alimenta ou a transforma? Você utiliza toda a sua confiança e as estratégias que tem para convencer sua voz interior de que ela não tem mais poder sobre você?

Então, vire para ela e fale assim: "Vozinha, beleza! Obrigado por compartilhar!".

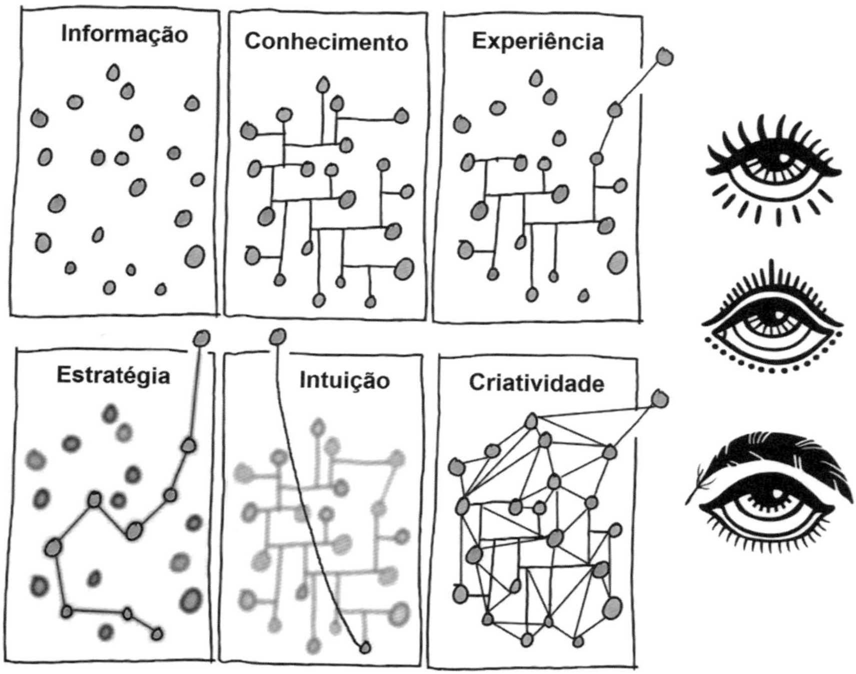
Informação
Conhecimento
Experiência
Estratégia
Intuição
Criatividade

CAPÍTULO 3

VOCÊ USA SUA INTUIÇÃO?

A minha resposta é sim, eu uso a minha intuição. Sempre que a ignoro, geralmente tenho problemas e me arrependo. Aquela primeira ideia, aquela sensação inicial, costuma ser a mais genuína e eficaz para mim. Uma ideia livre de intenções, de crenças pessoais, de críticas e influência de outras pessoas.

Antes de falarmos mais sobre intuição, gostaria de compartilhar algumas reflexões iniciais. A definição mais simples que encontrei no dicionário *on-line* descreve intuição como:

"Faculdade ou ato de perceber, discernir ou pressentir coisas independentemente de raciocínio ou análise" (Fonte: *Oxford Languages*)

Eu gosto dessa forma de ver a intuição.

Outra perspectiva, à luz da filosofia, vê a intuição como uma "forma de conhecimento direta, clara e imediata, capaz de investigar objetos pertencentes ao âmbito intelectual a uma dimensão metafísica ou à realidade concreta". (Fonte: *Oxford Languages*)

A intuição, no meu ponto de vista, é um pouco de tudo isso.

Você reparou na ilustração na página de abertura deste capítulo? Imagine que os pontos da figura representam um labirinto, e a conexão entre esses pontos forma um caminho. Você tem algumas opções para ir de um ponto a outro. Note que ter apenas a informação não te leva a lugar algum, e você pode usar o conhecimento, a experiência, a estratégia, a intuição ou a criatividade.

O mais interessante nesse labirinto é que o caminho da intuição é uma linha reta, que leva direto ao objetivo. É como se a intuição fosse um atalho, uma forma de chegar à solução sem precisar percorrer todos os caminhos. Isso é o que geralmente acontece comigo, quando confio na minha intuição, o caminho para o resultado final é mais curto e reto. Quando não uso a intuição, acabo me perdendo em um labirinto de pensamentos e análises e acabo gastando mais tempo para resolver problemas, encontrar soluções ou criar algo que realmente faça sentido na vida das pessoas.

Sendo assim, a intuição é algo que, sem dúvida, eu uso bastante.

Outra ideia presente na capa do capítulo, independentemente das crenças e valores de cada um, é a imagem de três olhos, que simboliza a "terceira visão", ou "terceiro olho", uma representação da intuição frequentemente associada à cultura oriental. O terceiro olho é frequentemente ligado à capacidade de perceber além dos sentidos físicos, de ter *insights* intuitivos e de acessar informações que estão além do alcance da mente consciente. Algumas pessoas atribuem essa capacidade a diferentes fontes, como espíritos, o universo ou a energia. O importante é entender que cada um pode dar significado a isso conforme o que mais lhe faz sentido.

Dentro do meu conjunto atual de crenças e valores, eu acredito, sim, que tenho algo a me guiar. Mas eu também valorizo toda a minha história e as competências, habilidades e conhecimentos que venho adquirindo ao longo do tempo. Então, eu deixo que essa primeira voz – essa voz cristalina e limpa – chegue ao meu ouvido, e eu a escuto atentamente.

Depois, surgem as outras vozes. Lembra que no capítulo anterior falei sobre as vozes na minha cabeça e como converso com elas? A intuição funciona como uma dessas vozes, mas eu a percebo como a mais pura, a mais genuína. É a primeira voz que surge, limpa, livre de influências externas e informações emaranhadas. Assim, eu uso a intuição em minhas decisões, mas também aplico o crivo da razão.

Eu utilizo todos os conhecimentos e habilidades que adquiri ao longo da minha jornada, testando e avaliando o que minha intuição me diz. Se essa intuição me sugerir algo que parece absurdo, posso optar por usar apenas uma parte dela. Se ela me alertar sobre riscos significativos em um determinado caminho, penso como posso contornar esses riscos e o que posso aproveitar ou descartar do que a minha intuição está me dizendo. O fato é que eu sempre uso um pouco da minha intuição.

Em muitas situações, incluindo minhas invenções, decisões e até resolução de conflitos, confio na minha intuição. Quando eu consigo ouvir a voz da minha intuição em um momento de desequilíbrio, por exemplo, onde estou de repente discutindo ou travando algum diálogo um pouco mais transtornado com alguém, eu normalmente consigo trazer a conversa de volta para onde eu gostaria que ela estivesse, de volta para o equilíbrio.

aTiViDadeS

SUGESTÃO DE ATIVIDADE

Vamos ver se a intuição também funciona para você?

1. Escute a primeira voz, aquela ideia limpa que vem para você quando você vai tomar alguma decisão, quando você vai decidir se vai seguir por um ou outro caminho. Entre chegar e não chegar, entre sair e não sair, ir e não ir, ou entre algo que você não tenha a menor ideia de como começar e que de repente vem aquele estalo, aquela ideia de começar por ali.

ExPeriMente:

Experimente fazer aquilo que a sua intuição está te dizendo, mas também use alguma estratégia para se proteger. Use também a razão, o seu conjunto de conhecimentos, mas não deixe aquela intuição ir embora, não a perca, lembre-se que ela normalmente é o caminho mais rápido entre dois pontos.

No meu caso, na maioria das vezes, a intuição é o caminho mais rápido para a solução dos problemas.

CAPÍTULO 4

O que traz você para dentro da caixa da normalidade óbvia?

Fiquei pensando nessa pergunta e cheguei à conclusão de que o que me traz para dentro da caixa da normalidade óbvia são os boletos. Talvez minha primeira resposta fosse "nada", mas a necessidade de pagar contas me coloca em uma certa normalidade. No entanto, encontrar soluções para pagar essas contas me tira dessa normalidade óbvia.

Quero compartilhar com você a minha visão sobre essa ideia de "dentro da caixa", "fora da caixa" e a normalidade óbvia. Convido você para uma discussão sobre isso. Nos dias de hoje, muito se fala sobre normalidade, especialmente depois de termos vivido um período de pandemia. Enquanto alguns falavam sobre o retorno à normalidade, eu preferia (e ainda prefiro) viver fora dela. Quem me conhece sabe que me apresento como Márcio Cerbella, o *coach* fora do normal. A normalidade não me atrai, pois geralmente é uma receita, algo que fazemos sempre da mesma forma. O não normal nos permite usar toda a nossa criatividade e adaptar as coisas conforme nossas necessidades e imaginação.

A normalidade, em alguns momentos, é necessária. É aquilo que fazemos de maneira repetida e que funciona para várias coisas. Não vou brigar com a normalidade ou com o óbvio. Há uma frase interessante que diz: "É óbvio que não é óbvio". O que é óbvio para um pode não ser para outro.

Durante as minhas sessões de *coaching*, eu uso uma ferramenta autoral chamada Mapa da Autoliderança, a fim de fazer com que o coachee reflita e escreva sobre suas conquistas. Em uma dessas sessões, uma *coachee* comentou sobre como escrever seus objetivos e conquistas a fez enxergar tudo de maneira diferente. Para ela, isso deveria ser óbvio, mas ela percebeu que não era tão óbvio assim. A frase "É óbvio que não é óbvio" revela que cada um tem sua própria percepção do que é normal ou evidente.

A normalidade pode ser vista de diferentes maneiras. Para alguns, é uma zona de conforto, um lugar onde as coisas são previsíveis e seguras. Para outros, pode ser uma prisão, um lugar que limita a criatividade e a inovação. Quando falamos de "pensar fora da caixa", estamos falando de sair dessa zona de conforto, de desafiar o *status quo* e de buscar novas maneiras de fazer as coisas.

No entanto, pensar fora da caixa não significa rejeitar tudo que é normal. Às vezes, as soluções mais inovadoras vêm de uma combinação do que é familiar com o que é novo. É como um artista que utiliza técnicas tradicionais de pintura, mas adiciona seu toque único para criar algo completamente original. Assim como um artista que transforma a criação de outra pessoa, pegamos ideias e as modificamos, como defende Austin Kleon no livro "Roube como um Artista". Austin diz que "o que um bom artista entende é que nada vem do nada. Todo trabalho criativo é construído sobre o que veio antes". No entanto, nada que utilizamos ou tentamos copiar ficará exatamente igual, pois nossa perspectiva sempre vai influenciar o resultado.

Um exemplo é o período da pandemia de covid-19, que nos colocou literalmente dentro de "caixas" – nossas casas, nossos quartos, nossos espaços limitados. Mas mesmo dentro dessas caixas, podemos encontrar maneiras de sermos criativos e inovadores. A tecnologia, por exemplo, nos permite a conexão com pessoas do mundo inteiro, a aprender novas habilidades, e a criar coisas incríveis sem sair de casa. Nesse período, muitos de nós fomos forçados a repensar nossas rotinas, nossos hábitos e nossas maneiras de trabalhar e viver. Isso nos deu uma oportunidade única de ver o mundo e nossas vidas de uma perspectiva diferente. Talvez você tenha descoberto novas paixões, novos *hobbies* ou novas maneiras de fazer seu trabalho. Talvez tenha percebido que algumas das coisas que considerava essenciais não são tão importantes assim, e que há outras maneiras de alcançar seus objetivos.

Eu tenho trabalhado em diversos projetos no conforto do meu lar. Estou fazendo *podcasts*, sessões de *coaching*, criando conteúdo e desenvolvendo novas ideias, tudo isso de dentro do meu estúdio, em casa. Isso mostra que a criatividade não tem limites físicos. Podemos estar "dentro da caixa" e ainda assim pensar de maneira expansiva e inovadora.

A normalidade tem suas vantagens. Ela nos dá uma estrutura, uma base sobre a qual podemos construir. Mas é importante não se prender a ela. Devemos estar abertos a novas ideias, novas maneiras de fazer as coisas, e não ter medo de sair da nossa zona de conforto.

Por exemplo, na minha vida profissional, muitas vezes me vi em situações em que precisava seguir uma norma, uma rotina. Mas sempre tentei trazer algo novo, seja uma abordagem diferente, uma técnica nova ou uma maneira inovadora de resolver um problema. Isso não significa rejeitar a normalidade, mas sim adaptá-la e moldá-la de acordo com minhas necessidades e criatividade.

Pessoas Fora do Normal Dentro da Caixa - Joana

Joana trabalhava em uma empresa tradicional de logística, onde os processos seguiam um padrão rígido e pouco inovador. Embora sempre tivesse seguido as regras e padrões estabelecidos, Joana percebeu que havia formas de otimizar o fluxo de trabalho sem romper com o que já estava em prática. Ela não reinventou a roda, mas fez pequenas mudanças estratégicas: reorganizou a disposição dos *pallets* no depósito, redistribuiu rotas de entrega e propôs um sistema de comunicação mais ágil entre os setores.

Essas ações, apesar de simples, resultaram em um aumento significativo na eficiência e na redução de custos operacionais da empresa. Joana não precisou sair dos padrões tradicionais, mas olhou para o que já estava à sua disposição com novos olhos, explorando ao máximo os recursos disponíveis. Sua abordagem inusitada e prática provou que, mesmo "dentro da caixa", é possível ser inovador ao fazer movimentos estratégicos e inesperados com o que já se tem.

Pessoas Fora do Normal Dentro da Caixa - Carlos

Carlos era gerente de produção em uma fábrica de peças automotivas, uma indústria bastante padronizada e conhecida por seus processos rígidos e repetitivos. Ele sempre seguiu os protocolos e padrões estabelecidos pela empresa, acreditando que inovar significava grandes mudanças, algo difícil de implementar em um ambiente tão regulado. No entanto, Carlos começou a perceber que os gargalos de produção e os atrasos nas entregas não estavam ligados à tecnologia ultrapassada ou à falta de novos métodos, mas sim a pequenos detalhes no processo diário.

Em vez de buscar soluções tecnológicas disruptivas, Carlos decidiu observar de perto o que já estava disponível. Ele notou que a equipe perdia muito tempo movendo materiais entre setores da fábrica. Em vez de propor uma nova linha de produção ou sistemas complexos, ele simplesmente redistribuiu as estações de trabalho e ajustou o *layout* da fábrica. Fez isso com base no conceito de "fluxo contínuo", algo que já existia na teoria, mas que nunca havia sido testado ali.

Além disso, ele implementou uma ideia simples: incentivou os funcionários a darem sugestões diárias sobre pequenos ajustes nas suas rotinas, coisas que poderiam otimizar o trabalho dentro dos padrões já existentes. Essas sugestões, quando aplicadas, trouxeram soluções práticas, como a reorganização de ferramentas, a otimização de intervalos para evitar acúmulo de trabalho, e até melhorias na comunicação interna.

O impacto foi imediato: a produtividade aumentou 20%, os prazos de entrega foram reduzidos, e os custos operacionais caíram significativamente. O que impressionou a todos foi que Carlos não havia "pensado fora da caixa" no sentido convencional, de buscar algo completamente novo. Pelo contrário, ele trabalhou estritamente com o que já tinha em mãos, fazendo ajustes inteligentes e inusitados, aproveitando ao máximo o que estava ao seu alcance.

Essa história mostra que, mesmo operando dentro dos limites de um sistema já existente, é possível encontrar soluções inovadoras ao enxergar oportunidades de melhorias sutis, mas poderosas, em cada detalhe.

Essa é a beleza de estar "dentro da caixa". Quando somos forçados a limitar nossas opções, muitas vezes nos tornamos mais criativos. Encontramos maneiras de fazer mais com menos, de ver oportunidades onde antes víamos obstáculos. É essa mentalidade que quero despertar em você.

Então, o que traz você para dentro da caixa da normalidade óbvia? Para mim, como falei, são as contas a pagar e as responsabilidades diárias, e mesmo dentro dessa caixa busco maneiras de ser criativo e inovador. A chave é encontrar um equilíbrio entre o familiar e o novo, entre a segurança e a aventura.

A normalidade não precisa ser uma prisão. Pode ser uma base sólida a partir da qual você explora novas ideias e novas possibilidades. Pense em como você pode usar o que já sabe de maneiras novas e criativas. Como pode combinar o familiar com o desconhecido para criar algo único? Há momentos em que voltar para dentro da caixa ou olhar para dentro de nós mesmos é necessário para descobrir novas soluções e ideias.

Espero que esta reflexão ajude você a ver a normalidade de uma maneira diferente. Não como algo que limita, mas como algo que oferece uma base para a criatividade e a inovação. E, mais importante, espero que você encontre maneiras de explorar sua própria criatividade, esteja você dentro ou fora da caixa.

Reflita sobre o que traz você para dentro da caixa da normalidade óbvia e se permita ver as coisas por ângulos diferentes. Desmonte perguntas, pense nelas de trás para frente. Perguntas são poderosas para quem as faz e as respostas, quando transformadas em novas perguntas, são poderosas para quem as recebe.

aTiViDadeS

Atividades para Desenvolver Criatividade e Pensamento "Fora da Caixa"

Brainstorming Invertido

Em vez de pensar em como resolver um problema, pense em maneiras de piorá-lo.

Depois, analise essas ideias invertidas para encontrar soluções criativas e inusitadas.

Esse exercício ajuda a ver o problema de um ângulo completamente diferente.

Exemplo de uso: Imagine que sua equipe precisa melhorar a comunicação interna na empresa.

Passo 1: Em vez de pensar em como melhorar a comunicação, faça um *brainstorming* de como piorá-la. Por exemplo: "Todos ignoram os *e-mails*", "Ninguém compartilha informações importantes", "Reuniões são mal organizadas e confusas".

Passo 2: Analise essas ideias negativas e transforme-as em possíveis soluções. Por exemplo: "Todos ignoram os *e-mails*" → Criar uma política clara de resposta rápida; "Reuniões são mal organizadas e confusas" → Organizar pautas e moderadores.

Repare que essa técnica ajuda a identificar problemas ocultos e soluções inovadoras ao pensar de uma maneira contrária.

Técnica dos Seis Chapéus de Pensamento

Experimente a técnica desenvolvida por Edward de Bono, que envolve seis chapéus de cores diferentes, cada um representando um modo de pensar: fatos, emoções, cautela, otimismo, criatividade e gerenciamento.

Aborde um problema ou projeto usando cada chapéu para considerar diferentes perspectivas e soluções.

Essa técnica incentiva a flexibilidade mental e a exploração de múltiplos ângulos.

Exemplo de uso: Sua equipe está desenvolvendo um novo produto e quer abordar a viabilidade da ideia.

Chapéu Branco (Fatos): "Qual é a situação atual do mercado? Qual é o custo de produção?".

Chapéu Vermelho (Emoções): "Como nossos clientes se sentem sobre essa ideia? Há entusiasmo ou receio?".

Chapéu Preto (Cautela): "Quais são os riscos dessa iniciativa? O que pode dar errado?".

Chapéu Amarelo (Otimismo): "Quais são os benefícios e oportunidades dessa nova abordagem?".

Chapéu Verde (Criatividade): "Como podemos ajustar o produto para se diferenciar no mercado? Que inovações podemos trazer?".

Chapéu Azul (Gerenciamento): "Qual é o próximo passo para avaliar e implementar essa ideia?".

Nesse caso, a técnica oferece uma visão abrangente, promovendo uma análise completa do problema e garantindo que todas as perspectivas sejam consideradas.

Mapa de Empatia

Crie um mapa de empatia para entender melhor os sentimentos, pensamentos e comportamentos dos outros.

Divida uma folha em quatro quadrantes: o que eles dizem, pensam, fazem e sentem.

Use isso para se colocar no lugar de outra pessoa e gerar ideias inovadoras e empáticas.

Passo 1: Desenhe uma folha com quatro quadrantes e rotule-os com as perguntas: "O que eles dizem?", "O que eles pensam?", "O que eles fazem?" e "O que eles sentem?".

Passo 2: Reúna sua equipe e pense em respostas para cada quadrante. Por exemplo:

Dizem: "O atendimento demora muito".

Pensam: "Essa loja não se preocupa com meu tempo".

Fazem: "Eles saem sem fazer a compra".

Sentem: "Frustração por não serem atendidos rapidamente".

Passo 3: Use essas respostas para criar soluções focadas na empatia, como melhorar o treinamento de atendimento ou agilizar o processo de compras.

O Mapa de Empatia ajudou a ver o problema pela perspectiva do cliente, facilitando a criação de soluções que atendam às necessidades emocionais e práticas desse público.

Harry Potter

CAPÍTULO 5

Qual Sua Fonte de CRIATIVIDADE ILIMITADA?

Minha principal fonte de criatividade ilimitada é a minha família. Eles me inspiram com amor e proximidade. Minha família é composta por pessoas que sempre me apoiaram e me incentivaram a seguir meus sonhos. Minha esposa, meus filhos e até meus pais e irmãos são peças fundamentais para a minha criatividade. Cada momento com eles me proporciona uma nova perspectiva, uma nova ideia. A simplicidade de um almoço em família, uma conversa despretensiosa ou mesmo um abraço apertado, tudo isso contribui para que minha mente floresça com novas ideias.

Além disso, a natureza é o meu refúgio criativo. Eu moro em um sítio em Itaboraí, cercado por muitas árvores, animais, frutas e borboletas. A natureza me inspira profundamente, não só pela sua beleza, mas pela sua capacidade de renovação e resiliência. Observar o ciclo das estações, o crescimento das plantas, o comportamento dos animais, tudo isso alimenta minha imaginação e minha capacidade de criar. Há algo profundamente revigorante em estar conectado com a terra, sentir o cheiro da chuva, ouvir o canto dos pássaros e ver a diversidade de vida que existe ao nosso redor.

O mar é outro aliado importante no despertar da minha criatividade. O som das ondas, a vastidão do oceano e a sensação de conexão com algo maior me ajudam a limpar a mente e encontrar novas perspectivas. Especialmente na Ilha Grande, em Angra dos Reis, onde também temos uma residência, o mar se torna uma fonte inesgotável de inspiração. A visão das ilhas, as matas, as cachoeiras e a água gelada são recursos de criatividade ilimitada para mim. Não há nada como me sentar à beira-mar, sentir a brisa e deixar a mente vagar livremente. A natureza tem uma forma única de nos reconectar com nossa essência e de abrir nossa mente para novas possibilidades.

A criatividade se alimenta de diversas fontes. Seja a natureza, a sua casa, um objeto, um ambiente ou as pessoas ao seu redor, explore e descubra o que te inspira a criar.

O universo de Harry Potter é outro portal para a minha criatividade. Embora eu não saiba tudo sobre esse mundo, essa história e outras relacionadas à magia me inspiram. Vejo a magia como algo que podemos fazer por nós mesmos, uma maneira de transformar a realidade à nossa volta. A saga "Harry Potter", assim como outras histórias de fantasia, como "O Senhor dos Anéis" e "Star Wars", nos apresentam um mundo onde tudo é possível. Elas nos lembram que a imaginação não tem limites e que podemos criar a nossa própria realidade.

Minha dica de hoje é que você busque sua própria fonte de criatividade ilimitada. Minha família é a minha principal fonte, até mesmo quando alguém me incomoda, o que me motiva a seguir em frente. Muitas atitudes da família, embora exageradas, visam nos proteger. Entender isso torna tudo mais fácil e faz da minha família uma grande fonte de criatividade. A família é um núcleo de apoio e inspiração. Mesmo os momentos de conflito podem ser transformadores. Eles nos desafiam a ver as coisas de outra forma, a encontrar soluções criativas para problemas antigos.

Observar a natureza e o comportamento das pessoas próximas me ajuda a conectar os pontos e a desenvolver soluções e experiências criativas para os meus projetos. Minha jornada criativa me leva a produzir textos, *podcasts*, vídeos, produtos, treinamentos, ferramentas e programas de *coaching*, mentoria e consultoria. Apesar de não ser bom em pintura, faço questão de ilustrar meus programas e produtos, acreditando que a mensagem é mais importante do que a habilidade técnica. Cada criação é uma oportunidade de compartilhar uma parte de mim, de me conectar com outras pessoas e de inspirá-las a também buscarem suas próprias fontes de criatividade. Acredito que todos nós temos uma fonte de inspiração. Ao buscar e cultivar essa fonte, podemos transformar nossas vidas e o mundo ao nosso redor.

Agora, pense e escreva qual é a sua fonte de criatividade ilimitada. Eu sou Márcio Cerbella, *coach* de empresários, incentivando você a descobrir o que te inspira e te faz confiante naquilo que você cria.

Encontre e Explore Suas Fontes de Criatividade

Encontrar a sua fonte de criatividade ilimitada pode ser uma jornada fascinante. Cada pessoa é única e, portanto, cada fonte de criatividade também é. Pode ser algo tão simples quanto um livro, uma música, um filme, uma conversa ou até mesmo um sonho. A chave é estar aberto a novas experiências e permitir-se ser inspirado por elas.

Por exemplo, a música tem um poder incrível de evocar emoções e despertar a criatividade. Escolha uma trilha sonora que ressoe com você e permita-se mergulhar na música. Deixe as melodias e ritmos guiarem você a um estado mental onde as ideias possam fluir livremente. Escrever ou criar algo enquanto ouve música pode ser uma maneira poderosa de desbloquear novas ideias.

Outra fonte poderosa de criatividade pode ser a leitura. Livros de ficção, biografias, poesia, ciência, filosofia ou qualquer outro gênero que seja do seu interesse. A leitura expande nossos horizontes, nos transporta para outros mundos e nos apresenta novas perspectivas. Ela nos permite ver o mundo através dos olhos de outra pessoa, o que pode ser incrivelmente inspirador.

A arte visual também pode ser uma rica fonte de inspiração. Visite museus, galerias de arte ou explore arte *on-line*. Fotografia, pintura, escultura, todas essas formas de arte têm o poder de inspirar e provocar novas ideias. Às vezes, uma imagem pode dizer mais do que mil palavras e abrir nossa mente para possibilidades que não havíamos considerado antes.

aTiViDadeS

ATiViDADeS PARA DeSeNVOLVeR A CRiATiViDADe

Meditação Guiada e Natureza

Mergulhe em um momento de paz e criatividade. Encontre um local tranquilo na natureza ou use um áudio com sons naturais, como o suave barulho de um riacho ou o canto dos pássaros.

Faça uma meditação guiada, focada em relaxamento e abertura a novas ideias.

Após a meditação, escreva todas as ideias e inspirações que surgirem.

A prática regular dessa atividade pode ajudar a limpar sua mente e criar espaço para novas ideias e *insights*.

Criação de Mapas Mentais

Mapas mentais são ferramentas poderosas para estimular a criatividade. Você pode criar mapas mentais usando ferramentas tradicionais, como papel e caneta, ou com o auxílio de aplicativos digitais, como MindMeister e XMind.

Escolha um tema ou problema específico e explore diferentes aspectos e soluções através do mapa mental.

Reflita sobre as conexões e novas ideias geradas a partir desse exercício. Mapas mentais ajudam a organizar pensamentos e podem revelar padrões e conexões que não eram óbvios à primeira vista.

Desafio Criativo Diário

Defina um tempo (10-15 minutos) diariamente para um exercício criativo (escrever uma história, desenhar, criar um poema).

Varie os temas e atividades para estimular diferentes áreas da criatividade.

Revise suas criações semanalmente para identificar padrões e novas fontes de inspiração.

Esse hábito diário pode transformar sua maneira de pensar e abrir novas portas para a criatividade.

O Poder das Histórias

Histórias têm um poder incrível de nos conectar com nossas emoções e nos inspirar. Desde a infância, somos naturalmente atraídos por histórias, sejam elas contadas por meio de livros, filmes, músicas ou conversas. Elas nos permitem explorar diferentes mundos, experimentar várias emoções e entender diversas perspectivas.

Ao criar suas próprias histórias, você está exercitando sua criatividade e sua capacidade de comunicar ideias complexas de maneira envolvente. Pense em um evento significativo em sua vida e transforme-o em uma narrativa. Como você pode contar essa história de forma que prenda a atenção das pessoas e transmita a mensagem que você deseja passar?

Escrever histórias também pode ser uma forma terapêutica de processar emoções e experiências. Essa atividade pode proporcionar clareza sobre seus pensamentos e sentimentos, além de revelar novos significados e *insights* em suas experiências.

Explorando a Imaginação

A imaginação é uma ferramenta poderosa para impulsionar a criatividade. Ela nos permite ver o mundo não como ele é, mas como poderia ser. Para estimular sua imaginação, reserve um tempo para sonhar acordado. Feche os olhos e deixe sua mente vagar livremente, sem restrições. Imagine cenários, personagens e mundos diferentes. Como eles são? Com o que se parecem? O que acontece nesses mundos?

Você também pode explorar sua imaginação através de jogos e atividades lúdicas. Jogos de tabuleiro, quebra-cabeças, jogos de palavras e outras atividades que desafiam sua mente podem ser uma ótima maneira de estimular a criatividade, exigindo que você pense de maneiras inovadoras e criativas para resolver problemas e alcançar objetivos.

Práticas de Reflexão

A reflexão é uma parte importante do processo criativo. Dedique um tempo regularmente para refletir sobre suas experiências, criações e fontes de inspiração. Pergunte a si mesmo: o que funcionou bem? O que poderia ser melhorado? O que aprendi?

Manter um diário de reflexão pode ser uma ferramenta poderosa. Escreva sobre suas experiências diárias, pensamentos, emoções e ideias. Revisar essas reflexões com frequência pode ajudá-lo a identificar padrões, gerar novos *insights* e aprimorar suas habilidades criativas.

Criatividade é uma capacidade que todos nós possuímos, mas que muitas vezes precisa ser nutrida e desenvolvida. Descubra suas fontes de criatividade, explore-as e permita-se ser inspirado por elas. Experimente diferentes atividades e ferramentas para estimular sua mente e abrir novas portas para a criatividade. E, acima de tudo, acredite no seu potencial de criar e transformar o mundo ao seu redor.

CAPÍTULO 6

Você se sente sozinho no momento da criação?

Eu nunca me sinto só durante o processo criativo. Para mim, a criatividade é um diálogo constante com diversas influências e presenças. Desde a minha fé em Deus, que sinto estar sempre ao meu lado, até as pessoas que amo e que torcem por mim, nunca estou realmente sozinho. Minha família, amigos, colegas e até mesmo aqueles que acompanham meu trabalho de longe, todos eles estão, de alguma forma, presentes quando estou criando.

Acredito firmemente que temos uma responsabilidade com tudo aquilo que cativamos. Se há alguém que se importa com o que faço, que presta atenção ao meu trabalho, então essa pessoa está, de alguma maneira, comigo durante o processo criativo. Seja através de texto, poesia, áudio, vídeo, treinamento ou qualquer outra forma de expressão, sinto que estou sempre em boa companhia.

Além disso, há pessoas que, apesar de já não estarem mais aqui, continuam a influenciar minhas criações. Meu pai, que partiu em 2015, e minha mãe, que se foi em 2019, são exemplos disso. Sinto a presença deles em muitos momentos e continuo a ouvir suas vozes e conselhos em minha mente. Eles, junto com muitas outras pessoas que foram significativas em minha vida, ajudaram a moldar quem sou hoje.

Quando penso em todas essas influências, fica claro que nunca estou realmente sozinho. Cada pessoa que deixou uma marca em minha vida está presente, de alguma forma, quando estou criando. Isso me dá força e inspiração para continuar.

Reflexões sobre a solidão e a criação

Já parou para pensar se você se sente sozinho durante o processo de criação?

No meu caso, a resposta é clara: eu sei que não estou sozinho porque me sinto conectado a uma rede de pessoas e experiências que me inspiram. Elas me fazem acreditar que o que estou fazendo vale a pena, que minha missão é significativa. Isso me dá um senso de propósito e me motiva a continuar criando e compartilhando minhas ideias com o mundo.

A energia que recebemos de outras pessoas, mesmo quando estamos fisicamente separados, é evidente. A era digital potencializou a nossa capacidade de conexão, mas também transformou a forma como nos relacionamos. Enquanto a tecnologia nos aproxima virtualmente, ela também pode criar uma distância física, deixando muitos de nós isolados. No entanto, a energia e a conexão humana continuam a fluir. Percebemos o amor, a fraternidade e a união em várias formas, mesmo a distância. Isso nos lembra que, apesar da separação física, nunca estamos realmente sozinhos.

A importância de ouvir outras pessoas

Vale a pena ouvir outras pessoas? Absolutamente! Escutar o que os outros têm a dizer é crucial para nosso crescimento e desenvolvimento pessoal. Quando deixamos de ouvir apenas nosso ego, nossa vaidade e nosso orgulho, abrimos espaço para novas ideias e perspectivas, que podem enriquecer nossas vidas.

Cada palavra, cada conselho, cada crítica que recebemos tem o potencial de nos influenciar de maneiras profundas. É por meio dessas interações que crescemos e evoluímos. Portanto, nunca subestime o valor de ouvir os outros, mesmo que sejam opiniões diferentes das suas.

Explorando a conexão e a inspiração: a jornada pessoal e coletiva

A criatividade é, muitas vezes, vista como um ato solitário, mas na verdade é um ato profundamente coletivo. É o resultado de todas as influências, experiências e conexões que acumulamos ao longo da vida. Nossas ideias, projetos e criações são frutos dessas interações e do impacto que outras pessoas tiveram e ainda têm em nossas vidas.

A sensação de não estar sozinho durante o processo criativo pode ser explorada de diversas maneiras. Pense em todas as conexões que você tem em sua vida – amigos, familiares, mentores, colegas de trabalho –, todos eles podem contribuir para sua jornada criativa. Cada interação, conversa e experiência compartilhada pode ser uma fonte valiosa de inspiração.

Ao reconhecer a influência dessas conexões, percebemos

que a criatividade é, de fato, um processo coletivo. Mesmo quando fisicamente sozinhos, estamos sempre envolvidos em uma rede de apoio e inspiração. Isso nos fortalece e nos dá coragem para seguir em frente, mesmo nos momentos mais desafiadores.

Portanto, quando você se perguntar se está sozinho no momento da criação, lembre-se de todas as pessoas que fazem e fizeram parte de sua jornada. Considere as lições que aprendeu, inspirações que recebeu e conexões que construiu. Todas essas influências estão com você, guiando e moldando seu processo criativo.

Valorize essas conexões, permita-se inspirar e continue a criar, sabendo que nunca está realmente sozinho.

A força da comunidade criativa

Uma comunidade criativa é uma fonte inesgotável de inspiração e apoio. Participar de grupos, fóruns e redes sociais onde pessoas compartilham ideias e projetos pode ser extremamente enriquecedor. Essas comunidades oferecem um espaço para troca de experiências, *feedback* e incentivo. Saber que existem outras pessoas enfrentando desafios semelhantes e buscando soluções criativas pode ser um grande motivador.

Além disso, colaborar com outros projetos criativos pode abrir novas possibilidades e perspectivas. Trabalhar em equipe permite a combinação de habilidades e talentos diversos, resultando em criações mais ricas e complexas do que aquelas que poderíamos realizar sozinhos.

A importância de um ambiente inspirador

O ambiente de trabalho pode influenciar significativamente o seu processo criativo. Cercar-se de elementos que trazem alegria e inspiração pode fazer uma grande diferença. Pode ser uma foto de um ente querido, uma obra de arte que você ama, plantas, livros ou qualquer outra coisa que lhe traga felicidade e estimule sua criatividade.

Criar um espaço de trabalho que reflita suas paixões e interesses ajuda a manter sua mente engajada e inspirada. Um ambiente bem organizado e esteticamente agradável promove uma sensação de calma e clareza, permitindo que suas ideias fluam mais livremente.

Pessoas Fora do Normal e a Criatividade Coletiva

Conheci um jovem que vou chamar aqui de Rafael, que desde pequeno adorava construir coisas. Ele se inspirava em tudo ao seu redor, nas histórias contadas pelos avós, nas conversas com os amigos e nas aulas de ciência na escola. Para ele, a criatividade não surgia apenas de suas próprias ideias, mas também das pessoas ao seu redor, que sempre lhe ofereciam um novo jeito de ver o mundo.

Certa vez, ele começou a se interessar por construir um brinquedo que ajudasse crianças a aprenderem matemática de maneira divertida. Ele sabia que poderia criar algo interessante, mas percebeu que não conseguiria fazer isso sozinho.

Rafael decidiu buscar os conselhos de seu avô, um artesão, que lhe mostrou como trabalhar com madeira e criar formas simples. Também pediu ajuda à sua professora de matemática, que sugeriu maneiras de tornar o jogo educativo e atraente. Até mesmo os amigos participaram, testando o brinquedo e dando ideias sobre o que seria mais divertido.

Cada passo que Rafael dava era uma junção de tudo que ele havia aprendido e das conexões que fez ao longo da vida. Ele entendeu que, por mais criativo que fosse, nunca criava sozinho. As inspirações e ensinamentos dos outros estavam sempre presentes em seu processo. O brinquedo que ele finalmente criou foi um sucesso não apenas porque ele teve uma grande ideia, mas porque permitiu que outras vozes e experiências o ajudassem a moldá-la.

No fim, Rafael percebeu que a criatividade era algo coletivo, uma soma de tudo o que ele havia vivido e aprendido. E isso o motivou a continuar criando, sempre sabendo que as conexões que ele fazia com os outros eram uma parte fundamental de todo o seu processo.

aTiViDadeS

Atividades para Desenvolver Conexões e Criatividade

Sessões de *Brainstorming* em Grupo

Organize sessões regulares de *brainstorming* com amigos, colegas ou membros da comunidade criativa.

Estabeleça um tema ou problema a ser discutido e incentive todos a compartilharem suas ideias, livres de críticas.

É fundamental que todas as ideias sejam consideradas, independentemente de parecerem viáveis ou não inicialmente, pois até mesmo pensamentos absurdos podem inspirar soluções criativas.

Use essas sessões para explorar novas perspectivas e encontrar respostas inovadoras.

Diário de Gratidão e Inspiração

Crie um diário dedicado a registrar diariamente tudo aquilo pelo que você é grato. Anote também as suas fontes de inspiração.

Preencha suas páginas com citações, ideias, pensamentos e experiências que lhe tragam alegria e motivação.

Revisite esse diário regularmente para relembrar as conexões e influências que alimentam sua criatividade.

Colaborações Criativas

Procure oportunidades para colaborar em projetos com outras pessoas, seja em sua área de interesse ou em novas áreas.

Participe de *workshops*, grupos de trabalho ou projetos comunitários que promovam a troca de ideias e habilidades.

Use essas colaborações para aprender novas técnicas, expandir sua rede de contatos e enriquecer seu processo criativo.

O que ele
PENSA E SENTE?
O que realmente conta, principais preocupações e aspirações
O que ele
ESCUTA?
O que amigos dizem, o que o chefe fala, o que influenciadores dizem
emecf
EDUCAÇÃO EMPREENDEDORA
O que ele
VÊ?
Ambiente, amigos, o que o mercado oferece
O que ele
FALA E FAZ?
Atitude em público, aparência, comportamento com outros
DOR
Medos, frustrações, obstáculos
GANHOS
Desejos e necessidades, formas de medir sucesso, obstáculos

CAPÍTULO 7

VOCÊ CRIA COM EMPATIA?

sUaS Criações têm eMPatiA?

A IMPORTÂNCIA DA EMPATIA NA CRIAÇÃO

Quando me perguntam se minhas criações têm empatia, a resposta é um enfático "sim". Essa pergunta é extremamente importante para mim, pois acredito que a empatia é um componente essencial em tudo o que faço. Quero compartilhar com você meu entendimento sobre empatia e como a incorporo em minhas criações.

Empatia é frequentemente descrita como a capacidade de nos colocarmos no lugar do outro. Isso significa sentir como o outro sente, perceber o mundo a partir da perspectiva dele. É mais do que apenas simpatizar com as emoções alheias; é realmente entender a dor, a alegria, os desafios e as vitórias do outro. Para que isso aconteça, precisamos nos transportar para o lugar do outro e nos sintonizar com suas percepções e experiências. Isso não significa que devemos viver exatamente as mesmas experiências, mas ter uma compreensão comparável.

A Prática da Empatia nas Minhas Criações

Minhas criações abrangem uma variedade de formas, como poesias, textos, áudios, *podcasts*, vídeos, livros e *e-books*.

Também desenvolvo conteúdo para cursos, treinamentos e programas de *coaching*. Em cada uma dessas criações, a empatia desempenha um papel crucial. Busco sempre entender as necessidades, desejos e dores das pessoas para quem estou criando. A empatia me permite criar conteúdo que realmente ressoe com meu público e atenda às suas necessidades.

Uma ferramenta poderosa que uso para desenvolver empatia em minhas criações é o Mapa da Empatia. Essa ferramenta, apresentada no livro "Business Model Generation", de Alexander Osterwalder, é fundamental para entender o cliente. O Mapa da Empatia ajuda a visualizar e compreender o que o cliente vê, ouve, pensa e sente, e o que ele diz e faz. Isso permite uma compreensão mais profunda de seus desejos e necessidades.

Explorando o Mapa da Empatia

Para ilustrar o uso do Mapa da Empatia, pense na capa deste capítulo, que é a mesma capa do episódio 7 do meu *podcast* – *Coaching* da Criatividade. O Mapa da Empatia é composto por várias seções que nos ajudam a compreender melhor uma pessoa:

O que ela ouve: Quem são as pessoas que influenciam essa pessoa? O que amigos, familiares, chefes e influenciadores dizem?

O que ela vê: Quais ambientes ela frequenta? A que filmes e programas ela assiste? Quem são seus amigos?

O que ela diz e faz: Quais são suas atitudes e comportamentos? Como ela se expressa publicamente?

O que ela pensa e sente: Quais são suas dores, medos, frustrações, crenças e obstáculos? Quais são seus desejos e necessidades? Como ela mede o sucesso?

Ao responder a essas perguntas, podemos criar um perfil detalhado da pessoa e entender como melhor atender às suas necessidades, dores e desejos. Isso é fundamental para qualquer criação que vise ser verdadeiramente empática e eficaz.

Aplicando a Empatia em Diversas Áreas

Além de usar o Mapa da Empatia para entender os outros, também podemos usá-lo para entender a nós mesmos. Preencher um Mapa da Empatia para si mesmo pode ser uma ferramenta poderosa para autorreflexão e autocompreensão.

Pergunte a si mesmo:

O que eu ouço?

O que eu vejo?

O que eu digo e faço?

O que eu penso e sinto?

Isso pode revelar *insights* valiosos sobre suas próprias motivações, desafios, medos e desejos.

A empatia não se limita apenas às criações artísticas ou profissionais. Ela é uma habilidade essencial em todas as áreas da vida. No ambiente de trabalho, a empatia pode melhorar a comunicação e a colaboração. Em relacionamentos pessoais, ela fortalece a conexão e o entendimento mútuo. Na liderança, a empatia é crucial para entender, motivar e engajar sua equipe.

A Força Transformadora da Empatia

Empatia é mais do que uma habilidade; é uma força transformadora que pode mudar a forma como interagimos com o mundo. Ao nos tornarmos mais empáticos, podemos criar experiências e produtos que realmente ressoam com as pessoas. Podemos resolver problemas de forma mais eficaz, construir relacionamentos mais fortes e criar um impacto positivo no mundo.

Na minha jornada, a empatia tem sido um guia constante. Seja ao criar um novo curso, desenvolver um programa de *coaching* ou escrever um livro, sempre procuro entender profundamente as necessidades, dores e desejos do meu público. Isso não só melhora a qualidade das minhas criações, mas também permite que eu me conecte mais profundamente com as pessoas para quem estou criando.

aTiViDadeS

ATIVIDADES PARA DESENVOLVER EMPATIA

Prática Regular de Escuta Ativa

Dedique tempo para ouvir atentamente as pessoas ao seu redor sem interrupções.

Faça perguntas abertas para entender melhor suas perspectivas e sentimentos.

Anote as principais percepções e reflexões após as conversas.

Jornada do Cliente

Crie mapas detalhados da jornada do cliente para diferentes públicos.

Identifique os pontos de contato com o cliente e as emoções envolvidas em cada etapa.

Use essas informações para melhorar a experiência do cliente em seus projetos.

Diário de Reflexão Empática

Mantenha um diário onde você registra suas interações diárias e reflexões sobre como você praticou empatia.

Anote situações em que você conseguiu perceber e entender o lugar do outro e as lições aprendidas.

Revise regularmente seu diário para identificar padrões e áreas de melhoria.

Convido você a refletir sobre como pode desenvolver e aplicar a empatia em sua própria vida e em suas criações. Ao fazer isso, você não apenas melhora a qualidade de suas criações, mas também enriquece suas relações e contribui para um mundo mais compreensivo e conectado.

aTiViDadeS

FERRAMENTAS E ATIVIDADES COMPLEMENTARES

Sessões de *Feedback*

Realize sessões de *feedback* com colegas, amigos e/ou clientes para ouvir suas perspectivas.

Use o *feedback* para ajustar e melhorar suas criações.

Essa atividade é fundamental no processo criativo, pois ao escutar como os outros nos veem ou percebem nossas criações, conseguimos entender melhor diferentes pontos de vista. O *feedback* não apenas nos ajuda a ajustar e melhorar nossas criações, mas também pode gerar poderosos *insights*. Além disso, nos permite praticar a empatia, reconhecendo e valorizando o entendimento do outro.

Exercícios de *Role-playing*

Participe de exercícios de *role-playing* onde você assume o papel de outra pessoa para entender melhor suas experiências.

Role-playing, ou jogo de papéis, é uma técnica que envolve a interpretação de papéis em um contexto simulado. Nessa prática, os participantes assumem a identidade de outra pessoa, muitas vezes para explorar suas emoções, pensamentos e comportamentos em determinadas situações.

Interpretar ou assumir o papel do outro, principalmente em situações que não entendemos ou não concordamos muito, ajuda consideravelmente no desenvolvimento da empatia.

Reflita sobre os *insights* obtidos e como eles podem influenciar suas criações.

Mapas de Empatia

Use mapas de empatia regularmente para entender melhor seu público-alvo. Atualize os mapas conforme recebe novos *insights* e *feedbacks*.

Abaixo está um modelo básico de Mapa de Empatia, dividido em seis seções principais:

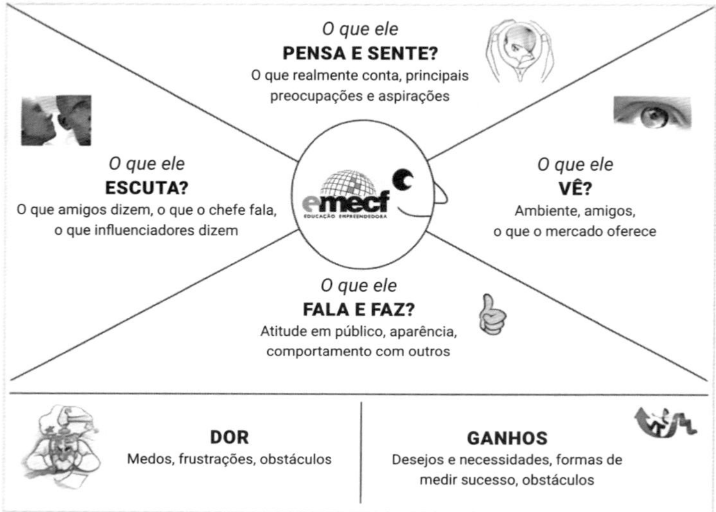

Outras Sugestões de Atividades para Explorar a Empatia

Preencha seu próprio Mapa de Empatia: reflita sobre suas próprias necessidades, desejos, dores, o que você vê, escuta e sente. Isso ajudará a entender melhor a si mesmo e como você se conecta com os outros.

Crie um Mapa de Empatia para um Ente Querido: escolha alguém próximo a você e tente compreender suas experiências e perspectivas. Use essas informações para criar algo (um presente, um texto, um plano) que seja verdadeiramente significativo para essa pessoa.

Análise de Empatia para uma Criação: selecione uma de suas criações (um texto, um produto, um serviço) e aplique o Mapa de Empatia para entender como ela ressoa com seu público. Reflita sobre como você pode ajustá-la para atender ainda mais às necessidades e desejos de seu público.

Empatia na Prática: passe um dia procurando conscientemente entender e sentir as emoções e perspectivas das pessoas com quem você interage. No final do dia, anote suas observações e como essa prática afetou suas interações e percepções.

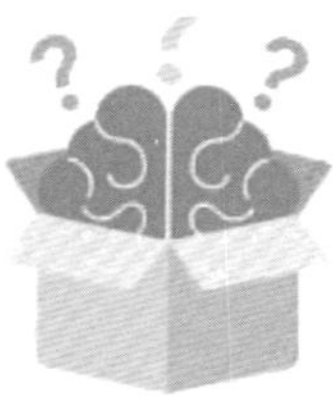

CAPÍTULO 8

A criatividade de outras pessoas é motivo para você se sentir imobilizado?

Desvendando a Criatividade Alheia

"A criatividade dos outros faz você se sentir paralisado?", essa indagação, que serve como o cerne deste capítulo, nos leva a refletir sobre a influência da criatividade alheia em nosso próprio processo de inovação e desenvolvimento. Ao considerarmos essa questão, podemos identificar se somos motivados ou inibidos pela genialidade alheia. Como respondemos a essa pergunta pode revelar muito sobre nossa abordagem à criatividade e ao crescimento pessoal.

Minha Experiência: Estímulo, Não Imobilização

Para mim, a criatividade dos outros é um catalisador, não um obstáculo. Em vez de me sentir paralisado, sou energizado pela presença de indivíduos com confiança criativa singular. Quando me cerco de mentes inspiradoras, sou estimulado a expandir os horizontes da minha própria criatividade. Cada interação com pessoas criativas me desafia a pensar de forma diferente, explorar novas ideias e buscar soluções inovadoras para problemas antigos.

Aprofundando a Reflexão: A Influência da Criatividade Alheia

É importante entender que a criatividade não é um recurso finito. A criatividade de outras pessoas não diminui a nossa; pelo contrário, ela pode ser uma fonte permanente de inspiração. Quando observamos o trabalho de outros criativos, podemos encontrar novas maneiras de abordar nossos próprios projetos. Podemos aprender com seus sucessos e fracassos, e isso nos permite evitar erros e descobrir novas possibilidades.

A criatividade alheia não é um obstáculo, mas um elemento que enriquece e energiza minha própria trajetória criativa. Acredito firmemente que, ao abraçar e valorizar a criatividade dos outros, podemos nos tornar mais criativos e inovadores. Convido você, leitor, a refletir sobre o impacto da criatividade dos outros em sua vida e obra. Como você pode aproveitar as ideias e inspirações alheias para enriquecer sua própria jornada criativa?

A Força da Mente Mestra Criativa

Na minha jornada criativa, destaco o programa "Pense, Crie, Exista ou Morra" – um treinamento que desenvolvi, incluindo várias ferramentas autorais, com o objetivo de fomentar a criatividade e a inovação e gerar oportunidades para empresas e profissionais, ou ideias de negócios com foco no cliente. Esse projeto de mentoria em grupo é um exemplo vivo de como a criatividade coletiva pode ser canalizada para construir uma "mente mestra criativa". Neste espaço, aproximadamente dez pessoas de diferentes *backgrounds* criativos colaboram, compartilham e se desafiam mutuamente, fomentando um ecossistema de inovação contínua. A diversidade de perspectivas e habilidades presentes nesse grupo cria um ambiente rico em ideias e possibilidades. Cada sessão, para mim, é uma oportunidade para aprender algo novo e para contribuir com a minha própria visão criativa.

A Sinergia da Criatividade Coletiva

Trabalhar em equipe pode ser uma experiência transformadora. Em ambientes colaborativos, como o programa "Pense, Crie, Exista ou Morra", cada membro do grupo traz suas próprias experiências e conhecimentos para a mesa. Isso cria uma sinergia onde a criatividade coletiva supera a soma das partes individuais. A colaboração permite que ideias sejam refinadas e aprimoradas, resultando em soluções mais criativas e eficazes.

Além disso, ao trocar experiências, *feedbacks* e perspectivas diferentes, os participantes se sentem mais fortalecidos e motivados a explorar novas possibilidades, o que agrega valor ao produto final. Essa dinâmica não apenas impulsiona a criatividade e inovação, mas também constrói um senso de comunidade e pertencimento, tornando o processo criativo ainda mais enriquecedor.

Diversidade como Fonte de Aprendizado

Minha paixão pela música ilustra bem essa abordagem colaborativa. Embora eu tenha algumas limitações técnicas, a interação com outros músicos e artistas criativos me proporciona novas perspectivas e métodos de expressão. Trabalhar com outros artistas me permite explorar diferentes estilos e técnicas, e essa colaboração me ajuda a aperfeiçoar minhas habilidades. A troca de ideias e experiências é fundamental para o crescimento artístico e pessoal. Aprender com a criatividade dos outros me permite expandir minha própria compreensão e capacidade criativa.

O Papel da Diversidade na Inovação

A diversidade de pensamentos e experiências é crucial para fomentar a inovação. Quando nos expomos a diferentes perspectivas, somos desafiados a pensar fora da nossa zona de conforto. Isso nos ajuda a quebrar paradigmas e a encontrar soluções inovadoras para problemas complexos. A colaboração com pessoas de diferentes origens e habilidades nos permite ver o mundo de maneiras novas e inspiradoras.

Construindo uma Rede de Apoio Criativo

Uma das maneiras mais eficazes de aproveitar a criatividade alheia é construir uma rede de apoio criativo. Essa rede pode ser composta por mentores, colegas, amigos e outros profissionais criativos. Essas conexões oferecem suporte, *feedback* e inspiração contínua. Participar de comunidades criativas, seja de forma *on-line* ou presencial, pode ser extremamente enriquecedor. Essas comunidades fornecem um espaço para compartilhar ideias, receber críticas construtivas e encontrar motivação.

A Criatividade Coletiva Como Catalisador

A criatividade dos outros é uma fonte inestimável de inspiração e motivação. Ao nos cercarmos de indivíduos criativos, somos constantemente desafiados a expandir nossos próprios limites e a explorar novas possibilidades. A colaboração e a troca de ideias com outros criativos enriquecem nossa jornada, proporcionando novas perspectivas e métodos de expressão.

Como eu já disse, a criatividade não é um recurso finito; quanto mais a compartilhamos e nos inspiramos nos outros, mais ela cresce. Ao valorizar e aprender com a criatividade alheia, podemos nos tornar criadores mais inovadores e eficazes. Encorajo você a refletir sobre como a criatividade dos outros pode enriquecer sua própria jornada e a buscar ativamente oportunidades de colaboração e aprendizado.

aTiViDadeS

Atividades para Desenvolver Conexões e Criatividade

1. Abraçando a Criatividade Alheia:

Museu Aberto: visite um museu ou galeria de arte e escolha uma obra que lhe cause um impacto, seja positivo ou negativo. Analise a obra e escreva sobre como ela o faz sentir e como isso pode influenciar seu próprio trabalho criativo.

Jornada Inspiradora: explore diferentes áreas criativas fora da sua zona de conforto, como música, dança, pintura ou escultura. Experimente assistir a um filme, peça ou *show* e reflita sobre como a experiência o inspira e como você pode incorporar elementos dela em seu próprio trabalho.

Mestre da Crítica: escolha um livro, filme ou música que você admira e faça uma análise crítica da obra, identificando os elementos que a tornam criativa e como esses elementos podem ser aplicados em seu próprio campo.

Sites inspiradores:

TED Talks: https://ted.com – palestras inspiradoras de pensadores e criativos de diversas áreas.

Museus *on-line*: https://artsandculture.google.com – explore museus do mundo todo virtualmente.

Brain Pickings: https://www.brainpickings.org – um *blog* com reflexões sobre arte, literatura, ciência e filosofia.

Livros sugeridos:

"Roube Como um Artista", de Austin Kleon: um guia prático para encontrar inspiração na obra de outros e desenvolver sua própria criatividade.

"O Poder do Hábito", de Charles Duhigg: explore como os hábitos influenciam a criatividade e como construir hábitos que a impulsionem.

"Rápido e Devagar", de Daniel Kahneman: uma análise profunda sobre os processos cognitivos e como eles afetam a tomada de decisão e a criatividade.

2. A Força da Mente Mestra Criativa:

Grupo de Ideias: reúna um grupo de pessoas de diferentes origens e áreas de atuação para discutir um tema ou problema específico. Incentive a colaboração e o *brainstorming*, valorizando a diversidade de perspectivas e ideias.

Troca de Ideias: entreviste um profissional criativo que você admira, buscando entender seu processo criativo, suas inspirações e como ele lida com os desafios.

Mentoria em Grupo: participe de um programa de mentoria em grupo, como o "Pense, Crie, Exista ou Morra", para se conectar com outros criativos, compartilhar ideias e experiências, e receber *feedback* sobre seu trabalho.

Sites inspiradores:

IDEO.org: https://www.ideo.org – uma organização global de *design* que promove a inovação e a colaboração criativa.

Creative Mornings: https://creativemornings.com – uma série de palestras matinais com foco em criatividade e comunidade.

Livros sugeridos:

"Inteligência Coletiva", de Pierre Lévy: uma obra fundamental sobre como a colaboração e a interação *on-line* podem gerar inteligência coletiva e criatividade.

"A Sabedoria das Multidões", de James Surowiecki: explore como a inteligência coletiva pode levar a melhores decisões e soluções criativas.

3. Diversidade como Fonte de Aprendizado:

Colaboração Cruzada: colabore com outros artistas ou criativos em um projeto conjunto, explorando diferentes estilos e técnicas.

Aprendizagem Contínua: participe de *workshops*, cursos ou palestras em áreas fora da sua especialidade para expandir seus conhecimentos e aprender novas habilidades.

Imersão Cultural: mergulhe em diferentes culturas, explorando novas formas de arte, música, culinária e costumes.

Sites inspiradores:

Coursera: https://www.coursera.org – plataforma de ensino *on-line* com cursos de diversas áreas, incluindo criatividade e inovação.

Skillshare: https://www.skillshare.com – uma comunidade *on-line* de aprendizagem com cursos criativos ministrados por especialistas.

Duolingo: https://www.duolingo.com – aprenda novas línguas de forma divertida e gratuita, expandindo seus horizontes culturais.

Livros sugeridos:

"Fora de Série: *Outliers*", de Malcolm Gladwell: descubra como a cultura e o contexto social influenciam o sucesso e a criatividade.

"O Gene: Uma História Íntima", de Siddhartha Mukherjee: uma jornada fascinante pela história da genética e como ela molda a diversidade humana.

4. Construindo uma Rede de Apoio Criativo:

Comunidade Criativa: participe de comunidades criativas *on-line* ou presenciais, compartilhando ideias, recebendo *feedbacks* e se conectando com outros criativos.

Rede de Mentores: busque mentores e conselheiros que possam oferecer suporte, orientação e inspiração em sua jornada criativa.

Conexões Criativas: faça *networking* com outros profissionais criativos em eventos, *workshops* e conferências.

Sites inspiradores:

Behance: https://www.behance.net – uma plataforma *on-line* para artistas e criativos compartilharem seus trabalhos e se conectarem.

Dribbble: https://dribbble.com – uma comunidade *on-line* para *designers* e criativos mostrarem seus trabalhos e se inspirarem.

Meetup: https://www.meetup.com – encontre grupos de pessoas com interesses em comum, incluindo criatividade e inovação.

CAPÍTULO 9

Seu ego está no controle, levando você a acreditar que o que você cria é melhor do que qualquer outra pessoa poderia fazer?

Essa pergunta pode parecer incômoda, mas é fundamental para nos levar a uma reflexão profunda sobre a relação entre nosso ego, nossas criações e nossa autopercepção em relação aos outros. Muitas vezes, sem percebermos, permitimos que o egoísmo dite nossas ações, convencendo-nos de que nossas ideias são superiores, que nossas conquistas são únicas e insubstituíveis. Quando deixamos o ego assumir o controle, corremos o risco de nos isolar, perdendo a chance de aprender com os outros e evoluir.

Essa reflexão vai além da noção básica de ego. O verdadeiro desafio é entender o papel que ele desempenha em nossas vidas. O ego é uma parte de nós, essencial para a autopercepção e afirmação da nossa identidade. Ele nos define em relação ao mundo ao nosso redor, mas também pode nos cegar se estiver desalinhado com a realidade. Por isso, a principal questão a se considerar é: "Seu ego está no controle, fazendo você acreditar que o que você cria é melhor do que qualquer outra pessoa faria?".

Para responder a essa pergunta de forma honesta, é preciso primeiro entender a diferença entre ego e egoísmo. São conceitos próximos, mas com significados distintos. Enquanto o ego é uma parte natural da nossa identidade, o egoísmo é o reflexo de uma preocupação exagerada com o eu, em detrimento dos outros. O egoísmo nos leva a colocar nossas necessidades e criações acima de tudo, desvalorizando o que e quem está ao nosso redor. Já o ego, se bem administrado, pode ser uma ferramenta de autoconhecimento e autoafirmação positiva.

Vamos refletir sobre essa ideia de forma mais prática. Muitas vezes, ao criar algo — seja uma ideia, um projeto ou mesmo ao tomar uma decisão importante —, se o ego, influenciado pela ID (impulsos instintivos e desejos inconscientes), nos diz que o que fizemos é a melhor solução possível, a única verdade absoluta, esse pensamento nos fecha para a possibilidade de aprendizado e crescimento. A realidade é que há muitas pessoas que podem criar algo ainda melhor do que o que fizemos. Isso não nos diminui. Na verdade, reconhecer o valor das criações alheias nos enriquece. O mundo está cheio de mentes brilhantes, e a beleza do processo criativo está justamente na diversidade de ideias.

Como mencionei no capítulo anterior, ao longo da minha jornada, percebi que quanto mais me cercava de pessoas capazes de criar coisas melhores ou diferentes das minhas, mais eu crescia. Isso se reflete no conceito da "mente mestra", que nada mais é do que o esforço de buscar pessoas cujas habilidades complementem as suas. Em vez de permitir que o egoísmo me cegasse, optei por aprender com os outros, aproveitando o que de melhor cada um tem a oferecer. Essa mentalidade de colaboração e crescimento mútuo é essencial para quem deseja se destacar em qualquer área da vida.

Mas o ego não precisa ser visto apenas como um inimigo.

O ego, em sua essência, nos ajuda a preservar uma compreensão de nosso verdadeiro eu, de quem somos e do que queremos realizar. É através do ego que equilibramos nossos desejos pessoais com as expectativas sociais. Para compreender melhor o papel do ego, podemos recorrer à psicologia. Freud, por exemplo, definiu o ego como o mediador entre o id, que representa nossos impulsos mais primitivos, e o superego, que incorpora as normas e regras impostas pela sociedade. O ego, então, é aquele que nos ajuda a navegar entre o que desejamos e o que é moralmente aceitável. Sem ele, estaríamos perdidos em um mar de impulsos ou restrições.

Um exemplo clássico dessa dinâmica pode ser encontrado na imagem dos desenhos animados, onde o personagem é aconselhado por um anjinho de um lado e um diabinho do outro — o mesmo exemplo que usei no capítulo 2, quando falei sobre nossas vozes interiores. Nesse caso, de um lado, o anjo representa o superego, com sua moralidade rígida; do outro, o diabinho encarna o id, incentivando o personagem a seguir seus impulsos. E no meio dessa batalha está o ego, tentando encontrar o equilíbrio entre essas forças opostas.

É importante perceber que, em muitos momentos, o ego está, sim, no controle. Mas o controle exercido por ele pode ser tanto positivo quanto negativo. Um ego equilibrado nos ajuda a fazer escolhas conscientes, enquanto um ego fora de controle nos torna arrogantes, fechados à crítica e desconectados da realidade. Quando percebemos que o ego está se tornando prejudicial, precisamos tomar medidas para reconduzi-lo ao seu papel de mediador. Para isso, é essencial cultivar o autoconhecimento.

A jornada para equilibrar o ego é contínua e envolve um diálogo constante consigo mesmo. Uma boa maneira de começar é prestar atenção à sua "voz interior". Muitas vezes, essa voz age como um conselheiro invisível, tentando nos guiar ou nos advertir. Ela pode ser aquela que nos incentiva a tomar atitudes corajosas ou que nos freia em momentos de impulsividade. Aprender a ouvir essa voz e interpretar o que ela está tentando nos dizer é um exercício de autoconsciência poderoso.

No entanto, vale lembrar que essa voz interior nem sempre está correta. Em alguns momentos, ela é influenciada por medos, inseguranças e traumas passados. Cabe a nós discernirmos o que é válido e o que precisa ser confrontado. Uma prática interessante que pode ajudar nesse processo é o "diálogo interno". Você já se permitiu debater consigo mesmo, questionando suas próprias crenças e ações? Essa é uma forma eficaz de identificar padrões de comportamento que podem estar sendo guiados por um ego desbalanceado.

Em muitas situações, essa voz interior pode se manifestar como um juiz severo, criticando nossas escolhas e ações. Esse julgamento pode ser particularmente forte quando estamos prestes a assumir riscos ou inovar. O medo de falhar, por exemplo, pode ser exacerbado pelo ego, que teme perder seu senso de superioridade. Nesse caso, o desafio é encontrar o equilíbrio entre confiar em si mesmo e estar aberto ao aprendizado, mesmo que aconteça por meio de falhas.

Ao reconhecermos a importância de equilibrar o ego, passamos a entender que o verdadeiro crescimento pessoal não vem apenas do sucesso, mas também da capacidade de aprender com os outros, de ser humilde e de admitir que não sabemos tudo. Quando deixamos de lado o egoísmo e passamos a cultivar um ego saudável, abrimos espaço para uma vida mais rica em experiências, trocas e realizações.

aTiViDadeS

Atividades para Desenvolver o Equilíbrio entre o Ego e o Autoconhecimento:

Diário de Reflexão do Ego:

Dedique alguns minutos ao final de cada dia para refletir sobre suas interações e decisões. Pergunte a si mesmo: "Meu ego estava no controle hoje? Eu fui capaz de ouvir os outros ou apenas defendi minha própria opinião?". Escreva suas reflexões e identifique padrões de comportamento. Com o tempo, esse exercício pode ajudar a desenvolver um maior equilíbrio emocional e um melhor controle do ego.

Prática de *Feedback*:

Para colocar o ego em xeque, é importante buscar *feedback* de pessoas em quem você confia. Pergunte a amigos, familiares ou colegas de trabalho como eles percebem suas atitudes e decisões. Esteja aberto tanto para elogios quanto para críticas. Lembre-se: *feedback* construtivo é uma das maneiras mais eficazes de crescer e ajustar comportamentos inadequados.

Meditação de Autoavaliação:

Pratique a meditação focada na autoavaliação e equilíbrio do ego. Durante a meditação, visualize uma situação em que você teve que tomar uma decisão difícil. Pergunte a si mesmo se a decisão foi guiada pelo ego ou pela lógica e pelo equilíbrio. Esse exercício não só aumenta a consciência sobre suas decisões, mas também fortalece a habilidade de manter o ego sob controle.

Exercício de Empatia:

Um exercício eficaz para equilibrar o ego é praticar a empatia ativa. Coloque-se no lugar de outras pessoas com quem você interage, especialmente em situações de conflito ou desacordo. Tente entender o ponto de vista delas sem deixar que seu ego interfira. Essa prática melhora significativamente a maneira como você se relaciona com os outros e com o mundo ao seu redor.

CAPÍTULO 10

QUEM VOCÊ PENSA QUE É?

Identidade e Autoconhecimento

Despertar do Eu Interior

"Quem você pensa que é?", essa pergunta, frequentemente vista como um desafio, abre o décimo capítulo do nosso diálogo. Mas essa questão não será respondida apenas sob a minha perspectiva. Ela também é um convite para que você, caro leitor, embarque em uma jornada fascinante de autodescoberta. Vamos explorar a construção da sua identidade e descobrir o que realmente define quem você é.

Minha Perspectiva: Missão e Humildade

Ao refletir sobre quem acredito ser, encontro-me na encruzilhada entre o desejo de cumprir uma missão significativa e o reconhecimento de minhas limitações. Eu me vejo como alguém dedicado a ajudar os outros a superarem desafios criativos e de autoestima, explorando a potencialidade humana. Esse propósito se entrelaça com a minha crença em um contínuo processo de aprendizado e evolução.

Transformação e Influência

Acredito firmemente na minha capacidade de promover mudanças positivas na vida das pessoas, mesmo que sejam pequenas. Ao longo dos anos, percebi que minhas criações e *insights* têm sido valiosos para os outros, o que reforça minha convicção de que posso impactar vidas. Essa percepção molda a maneira como me vejo: alguém capaz de iluminar caminhos, trazer inspiração e novas perspectivas. É gratificante saber que, por meio do que faço, posso contribuir para a transformação e o crescimento pessoal de muitos.

Convite à Reflexão: Quem Você Pensa que É?

Minha autoimagem não depende da validação dos outros. Eu encontro força na minha verdade, nas crenças e valores que escolhi abraçar. É importante entender que a pergunta "quem você pensa que é?" não deve ser um meio de autointimidação, mas sim uma oportunidade para afirmar sua identidade e suas aspirações.

Agora vamos fazer uma pausa. Convido você a refletir sobre esta questão: **quem você pensa que é?**

Já parou para pensar em como você se vê? Quais são as suas forças? Quais são as suas aspirações, os seus sonhos, aqueles que fazem seu coração acelerar?

Permita-se explorar o que há de melhor em si mesmo. Livre-se de qualquer receio ou das limitações que outras pessoas possam ter imposto. Aceite o desafio de se conhecer mais e, quem sabe, se surpreender com o que vai encontrar nessa jornada interior.

O Processo de Autoconhecimento

O processo de autoconhecimento é uma jornada sem fim, cheia de descobertas e surpresas. Não se trata de um destino a ser alcançado, mas sim de uma prática constante de reflexão, de olhar para dentro e explorar a nossa essência. Cada experiência vivida, cada desafio enfrentado, cada vitória conquistada, por menor que sejam, contribuem para a construção de nossa identidade. Ao nos permitirmos refletir sobre quem somos, abrimos as portas para o crescimento pessoal e para a transformação.

Identidade e Missão de Vida

Encontrando Propósito

Nossa identidade está profundamente conectada ao nosso propósito. Descobrir um propósito claro pode nos ajudar a definir quem somos e o que queremos alcançar. Meu propósito é ajudar as pessoas a desenvolverem suas capacidades criativas e a superarem desafios que surgem pelo caminho. Essa missão não apenas me dá uma direção, mas também preenche meus dias com significado e satisfação.

A Evolução Constante

Entender que somos seres em constante evolução é crucial. Quem eu era há cinco anos não é quem sou hoje, e quem serei no futuro será resultado das experiências e aprendizados que acumulo ao longo do tempo. Aceitar essa evolução contínua é parte essencial do autoconhecimento.

A Influência do Ambiente

O Papel das Relações

Nossas relações e interações sociais desempenham um papel significativo na formação de nossa identidade. Amigos, familiares, colegas de trabalho — todos eles influenciam quem somos e como nos vemos. É importante cercar-se de pessoas que nos apoiam e nos desafiam a crescer.

Impacto do Ambiente

O ambiente em que vivemos também molda quem somos. A cultura, a sociedade e até mesmo o lugar físico onde vivemos exercem uma influência profunda sobre nós. Entender essa influência nos ajuda a perceber como esses fatores contribuem para a construção de nossa identidade.

Autenticidade: Ser Fiel a Si Mesmo

Valores e Crenças

Ser autêntico significa ser fiel aos nossos valores e crenças. Isso exige coragem para seguir nossa própria verdade, mesmo quando ela vai contra as expectativas externas. Nossos valores são o alicerce sobre o qual construímos nossa identidade.

Viver com Integridade

Viver com integridade é alinhar nossas ações com nossos valores. É ser consistente em quem somos, independentemente das circunstâncias. Essa coerência nos dá força e confiança para enfrentar os desafios da vida.

Resiliência: A Força para Superar

Enfrentando Adversidades

A resiliência é uma habilidade poderosa que todos nós, especialmente empreendedores e profissionais em busca de evolução, precisamos cultivar. Trata-se da capacidade de enfrentar adversidades e, mais importante, de superá-las, sendo uma qualidade essencial para o autoconhecimento. Ao lidarmos com as dificuldades, temos a oportunidade de refletir sobre nossas experiências, aprender e crescer a partir delas. Cada obstáculo que encontramos no caminho é uma oportunidade para fortalecer nossa identidade.

Crescimento Por Meio do Desafio

Os momentos de dificuldade muitas vezes revelam quem realmente somos. Eles nos forçam a olhar para dentro e encontrar força e recursos que talvez não soubéssemos que tínhamos. Esse crescimento por meio do desafio é uma parte crucial da jornada de autoconhecimento.

Práticas para o Autoconhecimento

Jornal de Reflexão Pessoal

Objetivo: Aprofundar a compreensão de si mesmo por meio da escrita.

Como Fazer: Dedique 10-15 minutos por dia para escrever sobre suas experiências, sentimentos e pensamentos. Reflita sobre suas ações e decisões, e como elas se alinham com seus valores e objetivos.

Meditação e *Mindfulness*

Objetivo: Desenvolver a consciência plena e a auto-observação.

Como Fazer: Pratique meditação diariamente, focando na respiração e observando seus pensamentos e emoções sem julgamento. Use técnicas de *mindfulness* para estar presente no momento e conectar-se com seu eu interior.

Feedback Construtivo

Objetivo: Obter perspectivas externas para enriquecer o auto-conhecimento.

Como Fazer: Peça *feedback* honesto a amigos, familiares e colegas de trabalho. Use essas informações para refletir sobre seus pontos fortes e áreas de melhoria, e para entender como você é percebido pelos outros.

A Jornada do Autoconhecimento

A pergunta "quem você pensa que é?" é um convite poderoso para embarcar na jornada do autoconhecimento. É um chamado para explorar nossa identidade, entender nosso propósito e viver com autenticidade e resiliência. Essa jornada é contínua e evolutiva, exigindo reflexão, coragem e disposição para enfrentar desafios.

Ao nos engajarmos nesse processo, descobrimos não apenas quem somos, mas também quem podemos nos tornar. O autoconhecimento nos empodera para vivermos de acordo com nossos valores, perseguirmos nossos sonhos e criarmos um impacto positivo no mundo. Convido você a refletir sobre sua própria identidade e a explorar as infinitas possibilidades de autodescoberta.

aTiViDadeS

Sugestões de Atividades para Exploração do Eu:

Diário Pessoal:

Mantenha um diário onde possa expressar pensamentos, sentimentos e reflexões sobre quem você é e quem deseja ser.

Árvore da Vida:

Crie uma "Árvore da Vida" em papel ou digitalmente, onde cada ramo representa um aspecto da sua personalidade, habilidades, sonhos e metas.

Entrevista com o Eu:

Grave uma entrevista consigo mesmo, perguntando e respondendo sobre suas paixões, medos, realizações e objetivos.

Mapa dos Sonhos:

Desenhe um mapa com todos os seus sonhos e objetivos, categorizando-os em curto, médio e longo prazo.

Reflexão Espelhada:

Passe um tempo diante do espelho, conversando consigo mesmo sobre suas qualidades, conquistas e áreas de melhoria.

Criativo
EU?

CAPÍTULO 11

Por que você tem o dom da criatividade?

DoM dA CRiaTiviDade

A Chave para a Autoexpressão

Explorando o Poder da Criação

Este capítulo nos convida a refletir sobre a essência da criatividade e seu impacto em nossas vidas. A pergunta central, "Por que você tem o dom da criatividade?", não busca uma resposta superficial, mas um profundo mergulho em nossa própria natureza. Ela nos desafia a explorar as profundezas de nossa imaginação e a entender o que nos impulsiona a criar.

Minha Perspectiva: Criatividade como Expressão da Vida

Acredito firmemente que o dom da criatividade reside no ato de criar. Não se trata apenas de talento ou habilidade inata, mas de coragem para dar vida às nossas ideias. A criatividade floresce a partir do momento em que nos permitimos expressar nossos talentos, arriscar e enfrentar nossos medos. Ela é a manifestação tangível do nosso ímpeto vital. Cada ideia, cada projeto, cada criação se torna uma expressão única do que somos e do que acreditamos.

Assim como um artista que molda a argila com as mãos, a

prática constante nos permite esculpir nossas ideias até que elas ganhem forma e profundidade. Malcolm Gladwell, em seu livro "Fora de Série: *Outliers*", defende que são necessárias cerca de 10 mil horas de prática deliberada para alcançar a excelência em qualquer campo. Essa regra ilustra que, ao dedicarmos tempo e esforço à nossa criatividade, não apenas aprimoramos nossas habilidades e expandimos nossa mente criativa, mas também nos tornamos mais autênticos na expressão de nossos talentos.

Além do Medo: Encontrando a Liberdade Criativa

O medo é uma constante em qualquer processo criativo. Ele nos leva a questionar a relevância, a originalidade e a aceitação de nossas criações, criando um bloqueio que pode parecer difícil de superar. No entanto, é justamente ao confrontar e superar esse medo que descobrimos a verdadeira liberdade criativa. Encarar esses desafios é parte essencial do processo de criação. Quando conseguimos vencer nossos medos, abrimos espaço para que a criatividade flua livremente. É nesse momento que nossas ideias ganham vida e começam a impactar e transformar o mundo ao nosso redor.

Aprendizado e Crescimento Contínuo

A jornada criativa é, acima de tudo, uma jornada de aprendizado constante. Cada tentativa, seja bem-sucedida ou não, é uma oportunidade para crescer e evoluir. É através da experimentação e da busca incansável por conhecimento que alimentamos nossa capacidade criativa. A cada novo projeto, aprendemos algo novo sobre nós mesmos e sobre o mundo. Esse aprendizado contínuo é o que nos permite inovar e criar de maneira significativa.

A Influência do Ambiente e das Relações

As pessoas e experiências que nos cercam são fundamentais no desenvolvimento da nossa criatividade. Por exemplo, a parceria com a profissional Tati Lopes, mentora do treinamento "Destrava: Vídeo Sem Mistérios", que me ajudou a formatar alguns programas de treinamento, é um reflexo de como o intercâmbio de ideias e experiências pode ser enriquecedor. A troca com indivíduos criativos alimenta nossa própria criatividade. Cada conversa, cada colaboração é uma oportunidade para ver as coisas de uma nova perspectiva e para encontrar inspiração em lugares inesperados.

Um excelente exemplo da influência do ambiente e das relações no processo criativo pode ser observado no caso de uma loja de roupas tradicional, "Moda Clássica", que estava enfrentando sérios desafios devido à concorrência *on-line* e às mudanças nos hábitos de consumo. Ao participar do programa "Pense, Crie, Exista, ou...", que eu citei no capítulo 8, a proprietária, juntamente com nove outros empreendedores de diferentes setores, teve a oportunidade de aplicar conhecimentos e experiências que deram uma nova direção ao seu negócio.

O programa promoveu um ambiente colaborativo, onde os participantes utilizaram ferramentas como o Octógono da Criatividade – onde os participantes refletem sobre as ideias uns dos outros – e realizaram sessões de *brainstorming*, gerando *insights* valiosos.

Esse tipo de colaboração ajudou não somente a encontrar soluções para os problemas que a proprietária da loja estava enfrentando, mas também permitiu que cada empreendedor ajustasse suas estratégias com base nas trocas e ideias geradas durante o programa.

A transformação da "Moda Clássica" ilustra como a diversidade de perspectivas enriquece a criatividade. As sugestões de membros do grupo, como a implementação de um sistema de consultoria de estilo personalizado inspirado por um colega do setor de hospitalidade ou a adaptação de práticas sustentáveis de um participante do setor ecológico, foram fundamentais para inovar na experiência do cliente. Além disso, as sugestões de um participante do setor de tecnologia foram fundamentais para melhorar a presença digital da marca.

Esse processo colaborativo resultou em um novo modelo de negócio que integrou a consultoria de estilo, uma linha de roupas sustentáveis e um sistema *omnichannel*, elevando significativamente as vendas e o engajamento nas redes sociais.

A experiência da "Moda Clássica" não apenas evidencia a criação de um espaço fértil para a criatividade, mas também destaca o poder da colaboração e das relações interpessoais na solução de problemas e no processo criativo.

Criatividade Além da Arte

É crucial entender que a criatividade não se limita às artes. Ela permeia todos os aspectos da nossa existência, desde as decisões cotidianas até a construção da nossa realidade. Cada escolha que fazemos é um ato criativo, moldando o curso de nossas vidas. A criatividade está presente em como resolvemos problemas, em como nos relacionamos com os outros e em como construímos nosso futuro. Reconhecer isso nos permite ver a criatividade em todos os aspectos de nossa vida e nos incentiva a usar nossa imaginação para melhorar tudo ao nosso redor.

aTiViDadeS

Reconhecendo Sua Criatividade

Em suma, "Por que você tem o dom da criatividade?" é uma pergunta que convida você a reconhecer e abraçar sua própria capacidade criativa. Aceite este desafio e descubra a vastidão do seu potencial criativo. Permita-se explorar, arriscar e, acima de tudo, criar. A criatividade é um presente que todos nós possuímos, e cabe a cada um de nós descobrir como melhor utilizá-la.

Vou compartilhar com você alguns *insights* e técnicas que podem despertar e potencializar a criatividade em qualquer pessoa.

1. O Poder do "E se...?"

Uma das formas mais simples de estimular a criatividade é fazer a pergunta "E se...?". Essa pergunta tem o poder de desafiar o *status quo* e explorar possibilidades que você normalmente não consideraria. A questão "E se...?" abre espaço para a imaginação, questiona as regras e, às vezes, sugere inovações que inicialmente não estavam visíveis.

Técnica: *Brainstorming* com "E se...?"

Escolha um tema ou problema e comece a se perguntar "E se...?". Por exemplo: "E se minha empresa pudesse resolver este problema de uma maneira completamente nova?" ou "E se eu usasse uma abordagem totalmente diferente dessa vez?". Deixe sua mente explorar as respostas e não tenha medo de ousar.

2. Transforme Restrições em Oportunidades

Muitas vezes, as restrições são vistas como obstáculos à criatividade, mas elas também podem ser um grande catalisador. Quando você tem recursos limitados, é forçado a pensar de maneira mais inovadora e a encontrar soluções fora do comum. As crises e os momentos de incerteza, como vimos no contexto empresarial, muitas vezes trazem à tona as maiores inovações.

Técnica: Desafio das Restrições

Dê a si mesmo ou à sua equipe um desafio criativo com restrições claras. Pode ser um orçamento limitado, pouco tempo ou até mesmo poucas ferramentas. Por exemplo: "Como criar um novo produto usando apenas esses três materiais?" ou "Como podemos reinventar nosso processo com metade dos recursos?". As limitações forçam a pensar diferente e estimulam novas soluções.

3. Colabore e Troque Ideias

A criatividade muitas vezes é alimentada pela troca de ideias. Trabalhar com outras pessoas oferece novas perspectivas e pode enriquecer seu processo criativo. Colaborar não significa apenas dividir tarefas, mas sim mesclar visões diferentes para chegar a uma solução única.

Técnica: Sessões de Cocriação

Reúna um grupo de pessoas, preferencialmente de áreas e com experiências diferentes, e faça uma sessão de *brainstorming*. Incentive-as a compartilhar ideias sem julgamentos e depois trabalhem juntos para combinar as melhores ideias. A diversidade de pensamentos geralmente resulta em soluções criativas inesperadas.

4. Crie Tempo para a Criatividade

Em um mundo tão acelerado, é comum não darmos tempo para que nossa mente divague e explore novas ideias. No entanto, tempo livre para pensar e até se entediar é crucial para o desenvolvimento da criatividade. Grandes *insights* surgem quando a mente tem espaço para vaguear e fazer conexões incomuns.

Técnica: "Horário para Criar"

Reserve blocos de tempo em sua agenda, sem interrupções, apenas para pensar e criar. Durante esse tempo, explore algo novo: pode ser uma leitura, uma caminhada ao ar livre ou mesmo uma pausa para reflexão. A chave é permitir que sua mente se afaste de problemas urgentes e explore livremente.

5. Experimente Novas Atividades

A criatividade também é alimentada pela exposição a novas experiências. Ao tentar algo novo, seu cérebro é estimulado a fazer novas conexões e sinapses. Não se limite a uma única área de atuação. Explorar disciplinas diferentes ajuda a ampliar sua visão e a trazer ideias criativas para sua área de interesse.

Técnica: Expansão Criativa

Escolha atividades fora da sua zona de conforto – pode ser aprender a tocar um instrumento, praticar pintura ou mesmo fazer uma aula de culinária. Experiências diferentes estimulam áreas diferentes do cérebro, o que, por sua vez, pode desencadear novos fluxos criativos em seu trabalho principal.

6. Reflexão e Autoconhecimento

A criatividade está fortemente ligada ao autoconhecimento e à capacidade de refletir sobre suas experiências e reações. Quando você entende seus processos internos, fica mais fácil identificar o que estimula sua criatividade. Reflita sobre os momentos em que foi mais criativo e o que contribuiu para isso. Foi um ambiente específico? Um estado emocional? Um tipo de desafio?

Técnica: Reflexão Pessoal

Tire um tempo regularmente para refletir sobre o que desencadeou suas melhores ideias. Pergunte-se: "Quais condições me ajudam a ser mais criativo?" ou "O que posso fazer para replicar esse ambiente?". Ter clareza sobre como sua criatividade funciona é o primeiro passo para usá-la de maneira mais consciente e eficaz.

Transforme-se no Criador de Sua Realidade

A criatividade não é um dom misterioso que apenas alguns possuem. Ela é uma habilidade que todos podemos desenvolver e expandir. Usando as técnicas que acabei de compartilhar, você pode despertar e nutrir seu potencial criativo. A chave é se permitir explorar e, acima de tudo, não temer o erro, pois é através dele que surgem as grandes inovações. Pratique também a reflexão e busque o autoconhecimento, que são fundamentais para entender o que estimula sua criatividade e como você pode replicar esses momentos. Com essas práticas, você estará mais preparado para se tornar o criador da sua própria realidade.

A Profundidade da Criatividade: Explorando Novos Horizontes

A Interseção da Criatividade com Outras Disciplinas

A criatividade não opera em um vácuo. Ela interage com várias disciplinas, enriquecendo e sendo enriquecida por elas. Quando aplicamos a criatividade a áreas como ciência, tecnologia, negócios e educação, descobrimos novas soluções inovadoras que antes pareciam inalcançáveis. Por exemplo, muitas inovações tecnológicas surgem da combinação de conhecimentos científicos com a imaginação criativa.

A educação, por sua vez, se beneficia da criatividade ao desenvolver métodos de ensino que tornam a aprendizagem mais envolvente, como as metodologias ativas, e ao promover ambientes dinâmicos que não apenas engajam os alunos, mas também incentivam o pensamento crítico e a resolução de problemas.

O Papel das Emoções na Criatividade

As emoções desempenham um papel significativo na nossa capacidade criativa. A alegria, a tristeza, a raiva e o amor podem ser poderosas fontes de inspiração. As emoções nos conectam com nossas experiências mais profundas e nos permitem criar de maneira autêntica. Quando expressamos nossas emoções através da arte, da escrita ou de outras formas criativas, não apenas nos curamos, mas também nos conectamos com os outros de maneira significativa. A criatividade é, portanto, uma forma de canalizar nossas emoções e de transformá-las em algo belo e significativo.

Criatividade e Resiliência

A resiliência é uma qualidade que anda de mãos dadas com a criatividade. Em face dos desafios e das adversidades, a criatividade nos dá a capacidade de encontrar soluções inovadoras e de nos adaptar a novas circunstâncias. Ela nos ajuda a ver os obstáculos como oportunidades de crescimento e a abordar os problemas com uma mentalidade aberta e flexível. A criatividade e a resiliência, juntas, nos capacitam a superarmos os momentos difíceis e a emergirmos mais fortes e mais inspirados.

A Importância do Ócio e do Silêncio

Em um mundo cada vez mais agitado, é importante reconhecer o valor do ócio e do silêncio para o processo criativo. Momentos de tranquilidade e introspecção nos permitem conectar com nossos pensamentos mais profundos e ouvir nossa voz interior. O ócio criativo, longe de ser tempo desperdiçado, é essencial para que nossas ideias amadureçam e se desenvolvam. É nesses momentos de pausa que muitas vezes surgem as melhores ideias e as soluções mais inovadoras.

Abraçando o Dom da Criatividade

O dom da criatividade é uma das características mais valiosas e distintivas da natureza humana. Ele nos permite explorar o desconhecido, criar algo novo e expressar nossa individualidade de maneira única. Reconhecer e abraçar esse dom é fundamental para alcançar nosso pleno potencial. A criatividade não é apenas um talento inato, mas uma habilidade que pode ser desenvolvida e aprimorada ao longo do tempo.

Ao entender a importância da criatividade em todos os aspectos de nossa vida, desde a arte até a ciência, e ao aprender a superar os medos que a acompanham, podemos liberar nosso verdadeiro potencial criativo. A jornada criativa é uma viagem de autodescoberta, crescimento e transformação. Ela nos desafia a ver o mundo com novos olhos e a criar soluções inovadoras para os desafios que enfrentamos.

Portanto, convido você a embarcar nesta jornada, a explorar sua própria criatividade e a descobrir as inúmeras maneiras pelas quais você pode impactar o mundo ao seu redor. Permita-se sonhar, arriscar e, acima de tudo, criar. Porque, no final das contas, a criatividade é a chave para uma vida plena e significativa.

Atividades para Desenvolver a Criatividade

Jornadas de Criatividade

Dedique um tempo específico todos os dias para se envolver em atividades criativas, como desenhar, escrever, tocar um instrumento ou qualquer outra forma de expressão artística.

Use esse tempo para experimentar novas técnicas e explorar diferentes formas de criatividade.

Mantenha um registro de suas criações e reflita sobre seu progresso e suas descobertas.

Grupos de Estudo e Discussão

Participe de grupos onde você pode discutir ideias e receber *feedback* construtivo.

Troque experiências com outros criativos para ampliar suas perspectivas e encontrar novas fontes de inspiração.

Esses grupos podem ser presenciais ou virtuais, aproveitando plataformas *on-line* para conectar-se com pessoas de diferentes lugares e *backgrounds*.

Mindfulness e Meditação

Pratique *mindfulness* e meditação para acalmar a mente e abrir espaço para novas ideias.

Use técnicas de visualização para explorar diferentes cenários e possibilidades em sua mente.

A meditação pode ajudar a reduzir o estresse e a ansiedade, permitindo que a criatividade flua mais livremente.

Como colocar em prática:

Mindfulness e Meditação:

Comece com o básico:

A prática de *mindfulness* pode ser tão simples quanto prestar atenção na sua respiração por alguns minutos. Sente-se em um local tranquilo, feche os olhos e observe o ar entrando e saindo dos seus pulmões. Se sua mente divagar, gentilmente traga-a de volta para a respiração.

A prática regular é fundamental para obter os benefícios da meditação. Comece com sessões curtas e vá aumentando gradualmente o tempo. Seja paciente e gentil consigo mesmo.

Nem sempre é fácil acalmar a mente, especialmente no início. Adapte as práticas à sua rotina e preferências. O importante é encontrar o que funciona melhor para você.

Apps para te auxiliar:

Lojong: https://lojongapp.com/ – *app* brasileiro com meditações guiadas, trilhas sonoras e exercícios de respiração.

Headspace: https://www.headspace.com – um dos *apps* de meditação mais populares, com programas para iniciantes e praticantes experientes.

Meditação guiada: explore meditações guiadas que focam em diferentes aspectos, como compaixão, gratidão ou atenção plena.

Canais do YouTube:

Zen: https://www.youtube.com/@canalzen8855/videos – canal com meditações guiadas, músicas relaxantes e conteúdos sobre bem-estar.

Portal Mindfulness: https://www.mindfulnessbrasil.com/ – canal com vídeos sobre *mindfulness*, meditação e saúde mental.

Incorpore no dia a dia: pratique *mindfulness* durante atividades cotidianas, como caminhar, comer ou tomar banho. Preste atenção nas sensações do seu corpo, nos cheiros, nas texturas e nos sabores.

Técnicas de Visualização:

Crie um "filme mental": imagine um cenário em detalhes. Visualize as cores, os sons, os cheiros e as sensações. Se estiver buscando inspiração para um projeto, imagine-o concluído com sucesso.

Exemplo: se você está escrevendo um livro, imagine a capa, o título, os personagens e as cenas principais. Visualize os leitores lendo seu livro e se emocionando com a história.

Explore diferentes perspectivas: imagine-se em diferentes situações e como você reagiria. Isso pode te ajudar a desenvolver empatia e a ter novas ideias.

Exemplo: se você está enfrentando um problema, imagine como outras pessoas o resolveriam. Se você fosse um inventor, um artista ou um líder, qual seria sua abordagem?

Construa um "mapa mental visual": use imagens, símbolos e cores para representar suas ideias e as conexões entre elas. Isso pode te ajudar a organizar seus pensamentos e a ter uma visão mais clara do seu projeto.

Ferramentas *on-line*:

Miro: www.miro.com – plataforma colaborativa para criação de mapas mentais, *brainstorming* e organização de ideias.

MindMeister: www.mindmeister.com – ferramenta *on-line* para criar mapas mentais e compartilhar com outras pessoas.

Outras Atividades

Sugestões de Atividades para Estimular a Criatividade

Diário Criativo: mantenha um diário onde possa registrar ideias, pensamentos e inspirações. Use-o para refletir sobre como você cria e influencia seu mundo.

Experimentação Artística: dedique um tempo para experimentar diferentes formas de expressão artística, seja escrevendo poesia, pintando, esculpindo ou compondo música.

Mapa dos Sonhos: crie um mapa visual com seus sonhos e aspirações. Use-o para explorar diferentes maneiras de torná-los realidade.

Meditação Criativa: pratique meditações focadas em desbloquear sua criatividade. Concentre-se em liberar medos e inseguranças que possam estar impedindo sua expressão criativa.

Desafios Criativos Semanais: estabeleça um desafio criativo semanal. Pode ser algo simples, como cozinhar uma nova receita ou rearranjar a mobília de um cômodo.

CAPÍTULO 12

SUAS CRIAÇÕES TÊM TONS MUSICAIS QUE PODERIAM SER OUVIDOS A DISTÂNCIA?

EXPLORANDO A MUSICALIDADE NAS CRIAÇÕES

A pergunta que guia este capítulo é: "Suas criações têm tons musicais que poderiam ser ouvidos a distância?". À primeira vista, essa pergunta pode parecer um pouco estranha. No entanto, quando parei para refletir sobre essa questão, comecei a perceber a profunda conexão entre música e criatividade.

Entendo que a musicalidade nas criações não se limita apenas a composições musicais ou sons que podemos ouvir, nem se restringe à capacidade de inspiração que a música pode proporcionar. Ela também envolve a maneira como podemos imprimir emoções, ritmos e harmonias em nossas criações.

Há relatos, por exemplo, de que Vincent Van Gogh – um dos artistas mais influentes da história da arte – se inspirava em sua relação com a música para expressar emoções em suas obras. Ele acreditava que a pintura podia transmitir algum tipo de musicalidade, usando cores vibrantes e movimentos expressivos que refletiam sua sensibilidade musical.

A Influência da Música em Minhas Criações

Sim, acredito que minhas criações têm tons musicais que podem ser ouvidos a distância. Mas como isso é possível? Como podem minhas criações – que incluem textos, programas de *coaching*, ferramentas, técnicas, treinamentos, *podcasts*, vídeos e desenhos – terem tons musicais se não sou músico, não toco instrumentos e, quando canto, geralmente assusto quem está por perto?

A resposta está na forma como a música permeia tudo o que faço. Sempre que estou criando, a música está presente ao meu redor, exercendo uma influência constante sobre mim. Percebo que todas as minhas criações são impregnadas de tons musicais, notas e sonoridades. Mesmo em um texto, há uma certa sonoridade que ecoa. Em um áudio de *podcast*, os tons musicais se destacam.

A Música como Elemento Intrínseco na Criação

Quando falo sobre criatividade e como pensar de maneira diferente, estou, de certa forma, incentivando ações. Em certos momentos, imprimo ritmo, energia e vontade em meu trabalho. Esses tons musicais estão sempre presentes. Sinto que tudo o que crio gera alguma ressonância em outras pessoas, algo que evoca música e emoções.

Essa conexão com a música se manifesta até em alguns momentos da minha vida familiar. Quando é hora de ajudar um dos meus filhos ou a minha adorável neta a adormecer, eu canto para eles. Mesmo sem ter uma voz treinada, as crianças, com sua inocência e generosidade, me escutam, e, pouco a pouco, elas se entregam ao sono embaladas pelas minhas canções.

Essa melodia suave e essas cantigas não apenas embalam meus pequenos, mas também permanecem em tudo que crio. A música, portanto, não é apenas um elemento; ela é a própria essência do meu processo criativo, sempre pronta para despertar sentimentos e inspirar novas ideias.

Musicalidade na Prática Profissional

Quando desenvolvo uma nova ferramenta, considero sempre como ela pode mobilizar sentimentos e sonoridades e como isso repercute nas pessoas. Saber o quanto minhas criações tocam o coração de quem as ouve ou as usa, é fundamental para mim.

É um grande desafio falar sobre isso, especialmente porque, à primeira vista, não tenho habilidades desenvolvidas com instrumentos ou canto. No entanto, tenho uma percepção sonora muito forte. Reconheço músicas e sons, entendo ritmos e incorporo essa musicalidade em meus momentos de criação.

Ao elaborar ou ministrar um treinamento, por exemplo, a música sempre está presente. Atrevo-me a cantar durante minhas palestras, sejam elas religiosas, comerciais ou motivacionais. Minhas apresentações são sempre acompanhadas por música, sons e ritmos, fazendo da musicalidade uma parte essencial da maneira como conduzo minhas atividades.

Pessoas Fora do Normal

STEVE JOBS

O cofundador da Apple sempre falou sobre a influência da música em sua criatividade. Para ele, ouvir música era uma forma de estimular seu cérebro.

Jobs tinha a convicção de que a música contribuía para manter a inovação viva em seus projetos, e a equipe da Apple frequentemente trabalhava em ambientes com trilhas sonoras que favoreciam a inspiração e a criatividade.

Em uma de suas apresentações, em 2011, pouco antes de sua morte, Steve Jobs mostrou o seu perfil no Ping, uma rede social criada pela Apple que não teve vida longa. Nele, era possível conferir suas 10 músicas favoritas.

Aqui está uma seleção de músicas, alinhadas com meu perfil e meu pensamento, que destacam a importância da criatividade, da inovação e da busca pelo autoconhecimento. Essas canções também possuem uma abordagem motivacional e inspiradora, e acredito que podem estimular a imaginação e o desejo de realizar grandes coisas.

"Imagine" – JOHN LENNON

Um clássico que inspira a sonhar e a acreditar em um mundo melhor.

“Don’t Stop Believin’” – JOURNEY

Uma música otimista que encoraja a persistência nos sonhos.

“Eye of the Tiger” – SURVIVOR

Representa determinação e superação, alinhadas ao espírito empreendedor.

“Happy” – PHARRELL WILLIAMS

Relacionada à valorização da felicidade no trabalho e na vida.

“What a Wonderful World” – LOUIS ARMSTRONG

Reflete gratidão e inspiração nas pequenas coisas da vida, algo que eu valorizo.

“Stronger” – KANYE WEST

Um hino de superação e fortalecimento, ligado à resiliência.

“Heroes” – DAVID BOWIE

Uma música que celebra o potencial heroico dentro de cada um, alinhado ao espírito “fora do normal”.

“Shake It Off” – TAYLOR SWIFT

Um lembrete para lidar com críticas e seguir em frente, algo essencial no empreendedorismo.

“We Will Rock You” – QUEEN

Motivadora e cheia de energia, ideal para momentos de foco e conquista.

“Bohemian Rhapsody” – QUEEN

Criativa e única, ressoando com a ideia de pensar fora da caixa.

Músicas Nacionais

“Tocando em Frente” – Almir Sater e Renato Teixeira

Uma reflexão sobre resiliência e seguir em frente com sabedoria.

“A Estrada” – CIDADE NEGRA

Inspiradora, sobre a jornada da vida e os caminhos que trilhamos.

“Epitáfio” – TITÃS

Uma música sobre o que realmente importa na vida, alinhada ao autoconhecimento.

“Mais Uma Vez” – RENATO RUSSO E 14 BIS

Uma ode à persistência e ao acreditar nos próprios sonhos.

“Dia Especial” – TIAGO IORC

Celebra os momentos simples e especiais, algo muito valorizado em reflexões sobre felicidade.

"Paciência" – LENINE

Uma música que fala sobre o tempo e a serenidade, fundamentais para o equilíbrio emocional.

"O Sol" – VITOR KLEY

Uma canção otimista, que reflete a energia de superar desafios.

"Admirável Chip Novo" – PITTY

Reflexão sobre mudanças e inovação, alinhada à visão "fora do normal".

"Hoje é um Novo Dia" – IVAN LINS

Um hino de renovação e esperança para encarar novos desafios.

"Como Uma Onda" – LULU SANTOS

Reflexão sobre a impermanência e aceitação das mudanças.

A minha *playlist* está disponível no Spotfy.
Se quiser acessar, basta escanear o QR Code.

A Conexão Profunda com a Música

Quando me perguntam se minhas criações têm tons musicais que podem ser ouvidos a distância, minha resposta é um sonoro "sim". Pode parecer enigmático para alguns, mas, para mim, essa é uma verdade inegável. A música está intrinsecamente ligada a tudo o que faço, influenciando minha criatividade e moldando a maneira como compartilho minhas ideias com o mundo.

Imagine a melodia que embala suas emoções e inspira suas ações. É assim que a música se entrelaça em cada etapa da minha jornada criativa. Cada projeto, cada ideia ecoa ritmos e harmonias que vão além do que se pode ver. Essa conexão me permite não apenas expressar a minha essência, mas também explorar novas sonoridades e expandir minha criatividade.

A Musicalidade das Criações

A música é um elemento fundamental que pode transformar e enriquecer nossas criações. Mesmo que não sejamos músicos ou cantores profissionais, a influência da música pode ser sentida em tudo o que fazemos. Ela adiciona uma dimensão emocional e sensorial que ressoa com as pessoas e torna nossas criações mais vivas e impactantes.

Acredito que incorporar a música em nossas criações não só melhora a qualidade do que fazemos, mas também nos conecta de maneira mais profunda com nosso público. A música tem o poder de evocar emoções, contar histórias e criar experiências memoráveis.

Portanto, convido você a explorar como a música pode influenciar suas próprias criações. Permita-se ser inspirado por ela, incorpore sons e ritmos em seu trabalho e veja como isso pode transformar sua maneira de criar e se expressar. Porque, no final das contas, a criatividade é muito mais do que apenas o que vemos ou tocamos; é também o que ouvimos e sentimos.

aTiViDadeS

ATIVIDADES PARA DESENVOLVER A PERCEPÇÃO SONORA E CRIATIVA:

Incorporação de Música nas Atividades Diárias

Objetivo: aumentar a percepção sonora e a inspiração criativa.

Como Fazer: ouça música enquanto trabalha em seus projetos criativos. Experimente diferentes gêneros e veja como eles influenciam seu trabalho. Faça uma *playlist* de músicas que te inspirem e utilize-a durante suas atividades criativas.

Sessões de *Brainstorming* Musical

Objetivo: integrar música e criatividade para gerar novas ideias.

Como Fazer: durante sessões de *brainstorming*, toque música de fundo para estimular a criatividade. Use ritmos diferentes para inspirar diferentes modos de pensamento. Anote como cada tipo de música influencia suas ideias e processos criativos.

Exercícios de Ritmo e Poesia

Objetivo: melhorar a sensibilidade ao ritmo e à musicalidade na escrita e na criação.

Como Fazer: escreva poesias ou textos focando no ritmo das palavras. Leia em voz alta para sentir o fluxo e a musicalidade das frases. Tente ajustar o ritmo até que sinta uma harmonia nas palavras.

FERRAMENTAS E ATIVIDADES COMPLEMENTARES

Mapas Sonoros

Como Usar: crie um mapa sonoro para seus projetos, anotando quais músicas ou sons inspiram cada parte do seu trabalho. Use esses mapas para manter a consistência emocional e temática em suas criações.

Como Fazer um Mapa Sonoro:

Um mapa sonoro é uma ferramenta visual e criativa que relaciona músicas, sons ou trilhas sonoras a diferentes etapas ou partes de um projeto, ajudando a criar e manter a consistência emocional e temática. Ele pode ser representado de forma visual como um gráfico, quadro ou diagrama, associando músicas/sentimentos a elementos específicos do projeto.

Etapas para Criar um Mapa Sonoro:

1. Defina as partes do projeto.

2. Divida o seu projeto em etapas ou áreas temáticas, como "Introdução", "Criação", "Produção", "Refinamento" etc.

3. Associe emoções ou energias necessárias.

Para cada parte do projeto, pergunte-se:

Que tipo de energia (relaxamento, foco, entusiasmo) ou emoção eu preciso aqui?

Exemplo: na introdução, talvez você precise de foco e inspiração, enquanto no refinamento você pode precisar de calma e concentração.

4. Escolha as músicas/sons.

Selecione músicas que evocam essas emoções. Podem ser faixas específicas, sons da natureza ou *playlists*.

Exemplo: sons de chuva para momentos de calmaria ou uma música animada para *brainstorming*.

5. Desenhe o mapa sonoro.

Crie um quadro ou diagrama com colunas/áreas para cada parte do projeto. Para cada uma, anote ou desenhe as músicas escolhidas. Use cores, setas ou símbolos para indicar transições ou conexões emocionais.

6. Ajuste e experimente.

Teste o mapa enquanto trabalha no projeto e ajuste conforme necessário. Talvez algumas músicas funcionem melhor em outro momento.

Exemplo de Mapa Sonoro (Esquemático)

Projeto: Criação de um Livro

Conclusão
Happy (Pharrell Williams), O Sol (Vitor Kley)

Revisão (Refinamento)
Sons de natureza, Clair de Lune (Debussy)

Capítulo 2 (Desenvolvimento)
Eye of the Tiger (Survivor), Paciência (Lenine)

Capítulo 1 (Brainstorming)
Bohemian Rhapsody (Queen), Sons de chuva

Introdução (Planejamento)
Imagine (John Lennon), Tocando em Frente (Almir Sater)

Introdução (Planejamento)

Emoção: Inspiração

Músicas: "Imagine" (John Lennon), "Tocando em Frente" (Almir Sater)

Capítulo 1 (*Brainstorming*)

Emoção: Criatividade

Sons: "Bohemian Rhapsody" (Queen), Sons de chuva

Capítulo 2 (Desenvolvimento)

Emoção: Energia e Foco

Músicas: "Eye of the Tiger" (Survivor), "Paciência" (Lenine)

Revisão (Refinamento)

Emoção: Calma e Detalhamento

Sons: Sons de natureza, "Clair de Lune" (Debussy)

Conclusão

Emoção: Celebração

Músicas: "Happy" (Pharrell Williams), "O Sol" (Vitor Kley)

Diário de Música

Como Usar: mantenha um diário onde você registra músicas, sons e ritmos que te inspiram diariamente. Anote como cada um influencia seu humor, suas ideias e suas criações.

Uma dica que pode transformar sua rotina é a criação de *playlists* personalizadas no seu serviço de *streaming* favorito, alinhadas às suas atividades diárias, como trabalho, estudos ou momentos de criação. Imagine ter uma trilha sonora que não apenas inspira, mas também potencializa seu foco e criatividade! A música certa, escolhida de forma intencional, transforma ambientes, facilita o fluxo criativo e pode impactar positivamente seus resultados.

Workshops de Criatividade Musical

Como Usar: participe de *workshops* que combinam música e criatividade. Aprenda com outros como a música pode ser uma ferramenta poderosa na criação de novos projetos e ideias.

Onde encontrar *workshops* de criatividade musical:

Escolas de música: muitas oferecem *workshops* pontuais sobre temas específicos, como composição, improvisação, produção musical etc. Algumas escolas renomadas no Brasil são a Bituca (São Paulo), a EM&T (São Paulo), o Conservatório Musical Souza Lima (São Paulo) e a Unirio (Rio de Janeiro).

Universidades: cursos de extensão ou *workshops* oferecidos por departamentos de música.

Centros culturais: o Sesc, o Centro da Música Carioca e a Casa do Choro, por exemplo, costumam ter programações diversificadas com *workshops*.

Eventos e festivais de música: muitos eventos incluem *workshops* em suas programações, como o Festival Internacional de Música de Pelotas e o MIMO Festival.

Plataformas *on-line*: Coursera, Udemy, Domestika e outras plataformas oferecem cursos *on-line* sobre criatividade musical, produção musical e áreas relacionadas.

Como aproveitar ao máximo um *workshop*:

Defina seus objetivos: o que você quer aprender ou aprimorar? Composição? Produção? Improvisação?

Pesquise o *workshop* e o facilitador: veja se o conteúdo e a abordagem do facilitador se encaixam nos seus objetivos e expectativas.

Prepare-se: alguns *workshops* exigem conhecimento prévio de música ou instrumentos.

Participe ativamente: faça perguntas, interaja com os outros participantes e aproveite para trocar ideias e experiências.

Experimente: coloque em prática o que aprendeu no *workshop*, seja compondo, improvisando ou produzindo música.

Exemplos de como a música pode ser uma ferramenta poderosa na criação:

Brainstorming musical: usar música para estimular a criatividade e gerar novas ideias em grupo.

Composição de trilhas sonoras: criar músicas para vídeos, jogos, peças de teatro etc.

Sound design: usar sons e músicas para criar experiências imersivas em jogos, filmes e outras mídias.

Musicoterapia: usar a música como ferramenta terapêutica para promover o bem-estar físico e emocional.

Dicas extras:

Busque *workshops* com temas e abordagens diferentes: explore novas possibilidades e saia da sua zona de conforto.

Converse com outros participantes: troque ideias, experiências e faça *networking*.

Não tenha medo de errar: o importante é experimentar e se divertir!

Lembre-se de que a música é uma linguagem universal e poderosa, capaz de despertar emoções, conectar pessoas e inspirar a criatividade. Explore as infinitas possibilidades que os *workshops* de criatividade musical oferecem e deixe a música te levar para novos horizontes!

CAPÍTULO 13

QUANDO VOCÊ SE COLOCA EM SITUAÇÕES IMAGINÁRIAS PARA USO DE SUAS CRIAÇÕES?

O Poder das Situações Imaginárias na Criação

Você já parou para pensar em como as situações imaginárias podem ser fundamentais no processo criativo?

Mas, afinal, o que são situações imaginárias? Elas podem se manifestar por meio de sonhos, por exemplo, quando estamos dormindo, ou até mesmo por meio de visões que temos quando estamos acordados.

Eu me vejo frequentemente como em um desenho animado. Lembro-me de um desenho que minha filha do meio assistia quando era mais nova: "O Fantástico Mundo de Bobby". Nele, Bobby conseguia viajar para um reino imaginário simplesmente a partir de algumas palavras que ouvia ou pensamentos que chegavam. Ele se transportava quase que magicamente para essas situações, ilustrando como a imaginação pode nos levar a lugares incríveis e instigar nossa criatividade.

A Influência das Situações Imaginárias

Assim como as situações imaginárias se manifestam em sonhos ou visões, eu também uso minhas criações em situações imaginárias para avaliar sua utilidade e impacto. Imagino-me em outro planeta, visualizando pessoas usando minhas criações, rindo delas, achando-as engraçadas ou até mesmo estranhas. Essa prática me permite perceber como o que crio pode influenciar a vida das pessoas e suas ações cotidianas. No momento em que estou criando algo, ou até mesmo antes de iniciar o processo criativo, já me deixo levar por essas ideias, questionando se elas fazem sentido e se serão úteis e relevantes.

A Origem das Ideias

Quando decidi escrever este livro, minha ideia inicial era criar vídeos para o meu *podcast* "*Coaching* da Criatividade", inspirados no livro-caixinha "Coaching in a box", da colega Flávia Lippi. Transformei essas ideias em algo concreto ao perceber que poderia ajudar as pessoas de uma maneira interessante e não enfadonha.

Assim, criei o podcast "*Coaching* da Criatividade" e, durante esse processo, mergulhei em várias situações imaginárias, como quando me imaginei em um ônibus, ouvindo meus próprios episódios. Sim, eu escuto todos os meus *podcasts* várias vezes. Minha esposa até brinca comigo, dizendo: "Por que você está ouvindo isso se foi você mesmo quem fez?".

A origem das ideias que deram vida a este livro e ao *podcast* "*Coaching* da Criatividade" ilustra como a criatividade pode florescer a partir de uma semente de inspiração simples. Compreendi, na prática, como as ideias se conectam e evoluem.

O processo criativo, enriquecido por situações imaginárias, me permite não apenas desenvolver conteúdos que considero valiosos, mas também me convida a refletir sobre a jornada que me trouxe até aqui. Ao transformar um *insight* inicial em um projeto tangível, percebi que posso impactar a vida das pessoas de várias formas.

A Imaginação como Fonte de Inspiração

A inspiração se manifesta de diversas maneiras. Às vezes, enquanto converso ou realizo alguma atividade, a inspiração chega de maneira inesperada. Ao ouvir minhas ideias, percebo que, se elas são úteis para mim, podem ser úteis para outras pessoas também.

Colocar-me em situações imaginárias é quase instintivo para mim. Uso essas situações para entender como as pessoas vão utilizar minhas criações. Em alguns casos, isso me leva a modificar a minha criação; em outros, apenas redireciona o meu caminho e a minha jornada criativa.

Um exemplo marcante de como uso a imaginação como fonte de inspiração pode ser observado na criação do conceito "*Pizza* de Aliche", descrito no primeiro capítulo deste livro. Nesse processo, recorri a uma memória pessoal e a transformei em uma poderosa analogia sobre a importância de sonhar. Recordei minha infância, quando ansiava por uma *pizza* de aliche, um desejo frequentemente frustrado, pois era considerada uma *pizza* "apenas para adultos". Transformei essa experiência simples em um exercício para resgatar a capacidade de sonhar, mostrando que até os desejos mais triviais podem carregar significados profundos e estimular a criatividade.

Outro exemplo é minha abordagem criativa para dialogar com minha voz interior. Utilizei cenários imaginários e diálogos internos como uma ferramenta para explorar ideias e avaliar como elas poderiam beneficiar outras pessoas. Essa prática de interagir com minhas crenças e valores, conversando com minha "voz interior", ilustra como busco moldar minhas criações de forma que não apenas ressoem comigo, mas que também tragam valor e significado para os outros. Ao fazer isso, me conecto mais profundamente com minha audiência, ampliando o impacto de meu trabalho.

Meditação e Sono como Fontes de Inspiração

Além das situações imaginárias inspiradas por desenhos como "O Fantástico Mundo de Bobby", minhas ideias também surgem durante o sono ou a meditação. Durante esses momentos, minha mente viaja e pensa em novas possibilidades. Mesmo durante a meditação, quando procuro esvaziar a mente, às vezes permito que a inspiração flua livremente.

A Influência da Natureza

Meu pai adorava olhar paisagens. Embora ele não fosse tão apaixonado por vistas deslumbrantes como a minha mãe, ele apreciava a beleza das nuvens, do céu e do mar. Ele brincava comigo de encontrar formas e animais nas nuvens. Hoje, quando faço Tai Chi Chuan em meu sítio em Itaboraí, mergulho em um mundo imaginário. Observo a natureza ao meu redor e deixo minha mente fluir livremente.

A Importância das Declarações Positivas

As declarações positivas têm o poder de moldar nossa mentalidade e influenciar nosso comportamento. Elas servem como afirmações que nos ajudam a direcionar nosso foco para nossos objetivos e a cultivar uma visão otimista do futuro. Ao repetirmos essas declarações diariamente, começamos a internalizar o que estamos dizendo, e isso pode ter um impacto significativo em nossa motivação e autoconfiança.

Uma das declarações que faço todos os dias é: "Eu ajudo milhões de pessoas com meus programas de treinamento e ganho uma fortuna fazendo isso". Essa declaração pode parecer pretensiosa, mas é intencionalmente assim. Eu me visualizo ajudando cada vez mais pessoas e percebo que as coisas realmente acontecem. Essa prática me permite ver o futuro com otimismo e determinação.

O Imaginário como Ferramenta de Transformação Pessoal e Profissional

O imaginário é uma ferramenta poderosa que pode transformar a maneira como vivemos e trabalhamos. Ele nos permite explorar possibilidades infinitas, visualizar soluções inovadoras e alcançar nossos objetivos de forma criativa e eficaz. Ao incorporar práticas de visualização em nossa rotina diária, podemos melhorar nossa criatividade, resolver problemas de maneira mais eficiente e viver uma vida mais plena e realizada.

Incentivo você a explorar o poder do imaginário em todas as áreas da sua vida. Use as técnicas e ferramentas sugeridas para desenvolver suas habilidades de visualização e veja como elas podem trazer mudanças positivas e duradouras. A jornada para utilizar o imaginário de forma eficaz é contínua, mas os benefícios são profundos e transformadores.

Pessoas Fora do Normal: Napoleon Hill

Napoleon Hill (1883-1970) foi um escritor e empreendedor norte-americano. Considerado precursor do gênero literário "sucesso pessoal", ele é autor dos *best-sellers* "Quem Pensa Enriquece" e "A Lei do Triunfo".

Hill desenvolveu uma pesquisa durante 20 anos, na qual entrevistou centenas de pessoas de sucesso da época, incluindo Henry Ford Thomas Edison, Alexander Graham Bell e John D. Rockefeller. A partir dessa pesquisa, ele identificou que essas pessoas tinham alguns comportamentos em comum, os quais ele classificou como As Leis do Triunfo.

Napoleon Hill classificou a imaginação como a 6ª lei do triunfo, e disse que as pessoas bem-sucedidas que entrevistou precisaram usar a imaginação para criar coisas novas, soluções inovadoras e negócios que não existiam.

Segundo Hill, a imaginação é "a oficina da mente humana, onde velhas ideias e fatos estabelecidos podem ser remontados em novas combinações e colocados em novos usos". Hill dizia que a imaginação é a origem de tudo o que fazemos na vida. Ele acreditava que o pensamento positivo, a meditação, a autossugestão e o subconsciente são forças poderosas que podem transformar a realidade.

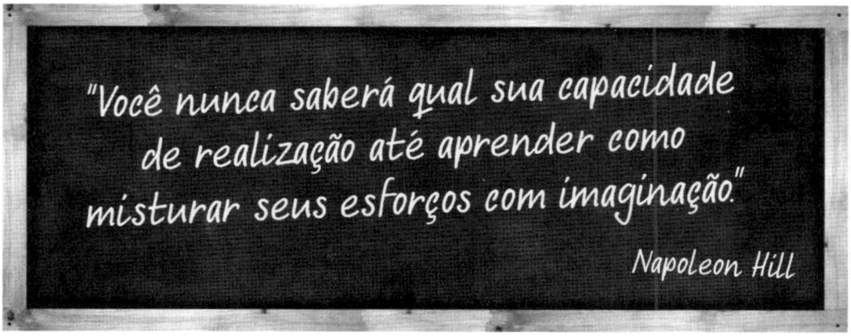

Convidando à Reflexão

Que tal você se transportar para o seu imaginário? Pense por um momento sobre o poder de suas criações. Lembre-se: criação abrange tudo o que fazemos, desde resultados concretos até os sonhos e objetivos que desejamos alcançar em nossas vidas. Cada ideia, cada projeto é uma semente que plantamos, e essas sementes têm o potencial de transformar não apenas o que fazemos, mas também quem somos. Se você está insatisfeito com sua situação atual ou deseja algo diferente, a solução pode estar em sua mente. Comece a praticar a visão do que você deseja, de quem você quer se tornar, e passe a agir com a certeza de que seu novo mundo está prestes a se manifestar.

Aplicações Práticas do Uso da Imaginação

Inovação e Criatividade

Inovação e criatividade são duas faces da mesma moeda, e o uso do imaginário é crucial para nutrir ambas. Visualizar novas possibilidades, testar cenários e antecipar resultados são práticas que estimulam a inovação.

Exemplo Prático:

Uma empresa de tecnologia pode reunir sua equipe de desenvolvimento para sessões de *brainstorming* imaginativas. Durante essas sessões, os participantes são incentivados a pensar fora da caixa, visualizar como suas ideias podem transformar produtos existentes ou criar novos mercados.

O Imaginário em *Startups*

Para *startups*, o imaginário é um componente vital. Empreendedores precisam visualizar o futuro de suas empresas, prever obstáculos e planejar estratégias para superá-los. Imaginar o sucesso da *startup* e os passos necessários para alcançá-lo pode ser um guia poderoso.

Exemplo Prático:

Um fundador de uma *startup* pode usar o imaginário para visualizar como seu produto será recebido pelos clientes, como ele resolverá problemas e como escalará o negócio. Essas visualizações ajudam a formar um plano de ação claro e inspirador.

O Papel do Imaginário na Liderança

Liderança Visionária

Líderes visionários são aqueles que podem imaginar um futuro melhor e inspirar os outros a segui-los nessa jornada. A capacidade de visualizar objetivos a longo prazo e comunicar essa visão de maneira clara e inspiradora é crucial para o sucesso de qualquer líder.

Exemplo Prático:

Um líder corporativo pode usar o imaginário para visualizar a trajetória de crescimento da empresa, antecipar desafios e inspirar a equipe com uma visão clara e motivadora.

Resolução de Conflitos

O uso do imaginário também pode ser uma ferramenta eficaz na resolução de conflitos. Visualizar as perspectivas de todas as partes envolvidas pode ajudar a encontrar soluções que satisfaçam a todos.

Exemplo Prático:

Um mediador de conflitos pode imaginar-se no lugar de cada parte envolvida, entendendo suas preocupações e necessidades. Isso permite desenvolver uma solução equilibrada e justa.

Explorando o Imaginário na Saúde Mental

Terapia de Visualização

A terapia de visualização é usada em diversas abordagens terapêuticas para ajudar os pacientes a lidar com traumas, reduzir o estresse e melhorar o bem-estar mental. Visualizar cenários calmantes e seguros pode proporcionar um alívio significativo do estresse e da ansiedade.

Exemplo Prático:

Um terapeuta pode guiar um paciente através de uma visualização de um lugar seguro e calmo, ajudando-o a se sentir mais relaxado e protegido.

Auto-hipnose

A auto-hipnose é uma técnica que utiliza a visualização para induzir um estado de relaxamento profundo e sugestão positiva. Isso pode ser útil para mudar hábitos negativos e promover um estado mental mais positivo.

Como Praticar:

Sente-se confortavelmente e relaxe.

Feche os olhos e comece a respirar profundamente.

Visualize uma escada, imaginando-se descendo degrau por degrau em direção a um estado de relaxamento profundo.

Quando estiver profundamente relaxado, use sugestões positivas para promover as mudanças que deseja.

Aplicando o Imaginário na Vida Diária

Planejamento Pessoal

O uso do imaginário pode ser extremamente útil no planejamento pessoal. Visualizar seus objetivos e os passos necessários para alcançá-los pode aumentar a clareza e a motivação para alcançar suas metas.

Exemplo Prático:

Antes de iniciar um novo projeto ou objetivo, dedique algum tempo para visualizar cada etapa do processo. Imagine-se completando cada tarefa com sucesso e sentindo a satisfação da realização.

Tomada de Decisões

A visualização pode facilitar a tomada de decisões ao permitir que você explore os possíveis resultados de cada escolha. Essa prática ajuda a antecipar as consequências e a identificar a melhor opção a ser considerada.

Exemplo Prático:

Quando confrontado com uma decisão difícil, visualize os resultados de cada opção possível. Imagine os impactos a curto e longo prazo de cada escolha e use essas visualizações para orientar sua decisão.

A Prática da Visualização Criativa

Uma técnica poderosa para materializar suas criações é a visualização criativa. Imagine vividamente seu objetivo alcançado, sinta a emoção da conquista e visualize cada detalhe. Isso não só aumenta a motivação, mas também ajuda a criar um plano claro e detalhado para atingir suas metas.

Passos para a Visualização Criativa:

Encontre um lugar tranquilo e relaxe.

Feche os olhos e respire profundamente.

Visualize seu objetivo em detalhes, como se já tivesse sido alcançado.

Sinta a alegria e a satisfação dessa conquista.

Anote qualquer insight que surgir durante a visualização.

Diário de Sonhos e Ideias

Manter um diário de sonhos e ideias pode ser extremamente útil para acompanhar seu progresso e manter a motivação. Anote seus pensamentos e inspirações, revisite essas anotações regularmente e use-as como fonte de inspiração contínua.

Dicas para Manter um Diário:

Anote seus sonhos e ideias assim que acordar ou durante o dia.

Inclua reflexões sobre suas decisões e sentimentos.

Revise suas anotações para identificar padrões e temas recorrentes.

aTiViDadeS

ATIVIDADES PARA ESTIMULAR O IMAGINÁRIO

Jogo do "E o que mais?"

Esse jogo é uma ferramenta para ampliar ideias iniciais, incentivar a exploração de novos ângulos e aprofundar o pensamento criativo. Ele ajuda a ir além do óbvio, incentivando os participantes a buscarem alternativas e detalhes adicionais que poderiam passar despercebidos.

Como jogar:

Escolha um problema ou situação: inicie com uma questão, ideia ou desafio que precisa de solução ou exploração.

Faça uma pergunta inicial: comece com uma ideia ou proposta, por exemplo, "E se nosso produto pudesse falar com os usuários?".

Adicione camadas com "E o que mais?".

Pergunte "E o que mais?", repetidamente, para expandir a ideia inicial.

Exemplo prático:

Problema: baixa interação com clientes em uma plataforma *on-line*.

Ideia inicial: "E se incluíssemos um *chatbot*?".

"E o que mais?"

"Poderíamos adicionar personalização com base nos dados do cliente."

"E o que mais?"

"O *chatbot* poderia enviar mensagens proativas em momentos importantes para o cliente."

"E o que mais?"

"Poderia aprender com as respostas para melhorar a interação automaticamente."

Continue até esgotar as possibilidades: cada nova resposta deve levar a outra pergunta "E o que mais?", até que os participantes sintam que todas as possibilidades relevantes foram exploradas.

Registre todas as ideias: documente cada sugestão e ramificação para que possam ser revisadas e analisadas mais tarde.

Esse jogo incentiva uma mentalidade de descoberta contínua, ajudando equipes e indivíduos a enxergarem o potencial escondido e a criarem soluções mais robustas e inovadoras.

Desenho Livre

O desenho livre é uma excelente maneira de explorar o imaginário. Não se preocupe com a perfeição artística; o objetivo é permitir que sua mente vagueie e explore novas possibilidades visualmente.

Como Fazer:

1. Pegue papel e canetas ou lápis de cor.

2. Comece a desenhar livremente, sem um plano específico.

3. Deixe que as formas e imagens surjam naturalmente, representando ideias ou cenários que vêm à mente.

4. Após finalizar seu desenho, reserve um tempo para observá-lo. Reflita sobre as formas, cores e imagens que surgiram. O que elas representam para você? Que sentimentos ou ideias elas evocam?

Você pode, ainda, compartilhar sua obra com outras pessoas e conversar sobre as diferentes interpretações que cada um faz do desenho.

Lembre-se: o desenho livre é uma jornada pessoal de descoberta e expressão. Não há certo ou errado, apenas a liberdade de criar e explorar o seu mundo interior.

Dicas extras para a finalização:

> Dê um título ao seu desenho, capturando a essência da sua criação.

Experimente diferentes materiais e técnicas de desenho livre, como colagem, pintura a dedo ou desenho com carvão.

Crie um diário de desenhos livres, documentando suas criações e reflexões ao longo do tempo.

Desenvolver a criatividade através do desenho livre é uma prática libertadora e enriquecedora. Permita-se mergulhar nessa aventura e desfrute do processo.

Ferramentas Adicionais para Explorar o Imaginário

Diário de Visualização

Como Usar:

Dedique um caderno para registrar suas visualizações. Anote cenários, ideias e *insights* que surgirem durante suas sessões de visualização.

Benefícios:

Ajuda a manter um registro de suas ideias e a monitorar seu progresso ao longo do tempo.

Aplicativos de Meditação Guiada

Como Usar:

Utilize aplicativos de meditação guiada que oferecem visualizações específicas para diferentes objetivos, como reduzir o estresse, melhorar o foco ou estimular a criatividade.

Benefícios:

Fornecem orientação estruturada e podem ser facilmente incorporados na rotina diária.

Workshops de Criatividade

Como Usar:

Participe de *workshops* que focam em técnicas criativas e no uso do imaginário. Esses *workshops* podem incluir atividades como pintura, escrita criativa, teatro improvisado, entre outras.

Benefícios:

Promovem a interação com outros criativos e oferecem novas perspectivas e inspirações.

VOCÊ JÁ ENSINOU ALGUÉM A CRIAR ALGO?

Você já se perguntou se ensinou alguém a criar algo? Eu não ensinei ninguém a criar no sentido literal, mas ajudei, e ainda ajudo, muitas pessoas a fomentar seu processo criativo, a construir a confiança criativa e a desenvolver suas habilidades

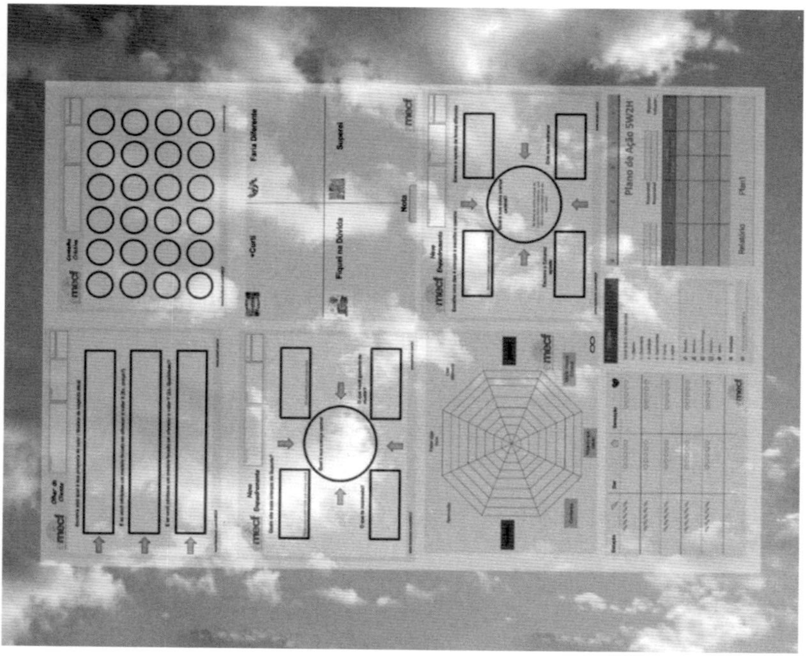

+Curti
Faria Diferente
Fiquei na Dúvida
Superei
Nota
Plano de Ação 5W2H
Relatório
Plan1

CAPÍTULO 14

Você já ~~ensinou~~ ajudou Alguém a Criar Algo?

criativas. Afinal, criar algo efetivamente é uma jornada pessoal; a criação é da pessoa. Mesmo que essa criação seja baseada em alguma ideia de outra pessoa, ela se torna única e passa a pertencer ao seu autor.

Quando falo de criação, estou me referindo a qualquer tipo de expressão criativa. Perceba: você é um criador. Você cria seus resultados, sua vida, suas respostas e até sua capacidade de aprendizado e desenvolvimento de competências. Você pode ter algumas habilidades inatas, mas muitas outras podem ser desenvolvidas. Com dedicação e prática, você pode se tornar excepcional em várias áreas.

Portanto, ao refletir sobre a pergunta deste capítulo, é importante reconhecer que, mesmo que não tenhamos ensinado diretamente alguém a criar, nossas interações, orientações e incentivos podem ser catalisadores para o despertar da criatividade alheia. Assim, ao ajudarmos os outros a encontrar e acreditar em suas capacidades, estamos, de fato, participando ativamente do processo criativo deles.

Embora eu não ensine diretamente as pessoas a criarem, meu papel tem sido apoiar e guiar aqueles que desejam explorar e desenvolver seu potencial criativo. Faço isso ao mostrar caminhos e oferecer orientação e suporte, ajudando-os a se tornarem mais autoconfiantes em suas expressões criativas.

É você quem cria isso para sua vida.

Você é o criador da sua própria história, o único responsável por moldar sua realidade. Suas respostas, ações e decisões — sejam elas de submissão ou de resistência — determinam os resultados que você alcança e, consequentemente, como sua vida avança. Essa habilidade de criar é uma forma poderosa de mostrar o potencial que todos nós temos para transformar nossos sonhos em realidade.

Como eu já disse, não posso ensinar alguém a criar algo, pois a criação é uma expressão profundamente individual. O meu trabalho é ajudar as pessoas a desenvolverem criações que sejam mais espontâneas e adequadas ao seu jeito de ser, ao seu modo de pensar e à visão que têm para suas vidas. Para isso, tenho me dedicado a estudar e aprofundar meus conhecimentos, sempre buscando estratégias que possam inspirar outros a se tornarem protagonistas de suas próprias histórias.

Confiança Criativa

A confiança criativa é aquilo que nos dá o poder de agir em relação à nossa vida de alguma maneira, de fazer algo, mesmo que seja espontaneamente. Ela nos dá o direito de errar. Quando estamos confiantes para criar, a preocupação com os erros diminui, transformando esses momentos em oportunidades de aprendizado, em vez de fontes de dor e sofrimento.

Como afirmam David e Tom Kelley no livro "Confiança Criativa", o medo do fracasso é um dos principais obstáculos à criatividade. Os autores enfatizam que é fundamental ter coragem para dar o primeiro passo e alcançar pequenos sucessos para ganhar confiança. Quando as pessoas reconhecem que a confiança criativa é essencial para superar esse medo, o ato de criar se torna muito mais acessível.

Eu me sinto realizado ao ajudar meus clientes a desenvolverem essa confiança por meio de várias técnicas e ferramentas. Dessa forma, criar passa a ser algo espontâneo e prazeroso, permitindo que a imaginação flua livremente e que novas ideias ganhem vida.

Reconhecemos que somos criadores, que criamos o tempo todo de alguma maneira.

O brasileiro é, sem dúvida, um criador em potencial. Repare como, diante de uma situação política ou uma crise como a pandemia, surgem piadas e diversas manifestações criativas. Muitas pessoas comentam: "Nossa, fazem piada disso?". Mas isso não deixa de ser uma forma de criatividade. De certa maneira, alguém se permitiu expressar sua visão, que pode ser legal para uns, ajudar outros a ficarem mais alegres ou deixar alguns irritados. Independentemente da reação, é um processo criativo.

Por outro lado, se nos preocupamos muito com o resultado ou a quem o resultado agrada, isso começa a inibir nossa criatividade. Ficamos inseguros porque esperamos respostas, incentivos, validação e uma série de outras coisas, e então estagnamos. Mesmo quando produzimos algo, não compartilhamos nossas criações, não divulgamos o que estamos fazendo, não mostramos o que desenvolvemos por vergonha, orgulho, vaidade, ou pelo receio de sermos julgados ou rotulados como fracassados. Além disso, existe ainda o medo de que a nossa obra não receba a aceitação desejada. Tudo isso acaba por nos desestimular.

Para superar essas barreiras, é essencial trabalhar na construção da confiança criativa. Ao entender que o ato de criar é um processo individual e que erros fazem parte desse caminho, as pessoas podem liberar sua criatividade e produzir trabalhos interessantes e inovadores.

Ferramentas de Apoio no Processo Criativo

Quando digo que uma das coisas que mais gosto de fazer ultimamente é ajudar pessoas a criar, não estou falando sobre ensinar, mas sim sobre ajudar a desenvolver a confiança criativa e despertar a percepção da capacidade criativa de cada um.

Tenho trabalhado nisso incessantemente, desenvolvendo ferramentas para ajudar pessoas no processo criativo, especialmente empreendedores e empresários que estão gerindo seus negócios com um certo desespero. Elas ajudam a construir novas soluções a partir de experiências e jornadas pessoais.

Como exemplo, destaco a seguir algumas ferramentas criadas pela EMECF Educação Empreendedora, que são exclusivas para os participantes de nossos treinamentos e programas.

Reframe: proporciona um olhar diferente para problemas e situações existentes, permitindo a criação de soluções efetivas.

Novo Enquadramento: ferramenta que promove a construção criativa a partir da necessidade real do usuário.

Octógono da Criatividade: permite avaliar o grau de desenvolvimento das competências criativas de uma pessoa ou instituição.

Mais Curti: permite avaliar e decidir sobre as ideias e soluções criativas propostas.

QUEQUEFA: possibilita determinar passo a passo os próximos passos da solução criativa encontrada.

Plano de Ação Cria: permite o planejamento para colocar em prática e à prova os MVPs (Produto Mínimo Viável) sugeridos com o uso das ferramentas anteriores. Objetiva dar vida e produtividade à ideia gerada.

Dessa forma, não ensino ninguém a fazer algo ou como ser criativo em seus negócios; em vez disso, por meio dessas ferramentas, as pessoas descobrem que têm a capacidade de criar suas próprias soluções e encontrar seus próprios caminhos para superar desafios. Isso tem funcionado de uma maneira fantástica.

Portanto, minha resposta à pergunta "você já ensinou alguém a criar algo?" é: não, nunca ensinei ninguém a criar. No entanto, com certeza ajudei e continuo ajudando a despertar a confiança criativa e a capacidade de desenvolver a criatividade, além de incentivar as pessoas a se reconhecerem como criativas.

aTiViDadeS

Atividades para Desenvolver a Confiança Criativa

Atividade 1: Diário de Ideias

Objetivo: estimular a prática regular da criatividade por meio da escrita de ideias.

Material Necessário: caderno ou aplicativo de notas.

Instruções:

> Todos os dias, reserve de 10 a 15 minutos para escrever qualquer ideia que venha à mente. Pode ser uma solução para um problema, uma nova abordagem para uma tarefa cotidiana, um conceito para um projeto ou até mesmo uma reflexão sobre algo que você viu ou ouviu.
>
> Não se preocupe com a qualidade ou viabilidade das ideias nesse momento. O objetivo é praticar o ato de gerar ideias e fortalecer seu músculo criativo.

Atividade 2: Reenquadramento de Problemas

Objetivo: aprender a ver os problemas sob novas perspectivas, aumentando a capacidade de encontrar soluções criativas.

Material Necessário: lista de problemas ou desafios que você está enfrentando.

Instruções:

Escolha um problema ou desafio que você esteja enfrentando.

Liste todas as suposições que você tem sobre esse problema.

Para cada suposição, pergunte-se: "E se o oposto fosse verdade?" ou "Como alguém com uma perspectiva completamente diferente veria isso?".

Anote novas ideias ou soluções que surgirem a partir dessas novas perspectivas.

Atividade 3: Sessão de *Brainstorming* Individual

Objetivo: utilizar o *brainstorming* como ferramenta para desbloquear a criatividade.

Material Necessário: papel e caneta ou quadro branco.

Instruções:

Escolha um tema ou uma questão para a sua sessão de *brainstorming*.

Defina um tempo limite (por exemplo, 15 minutos).

Durante esse período, anote o máximo de ideias possível sem se preocupar com julgamentos ou críticas. Neste estágio, a quantidade é mais importante que a qualidade.

Após o tempo limite, revise suas ideias e selecione algumas para desenvolver ou explorar mais profundamente.

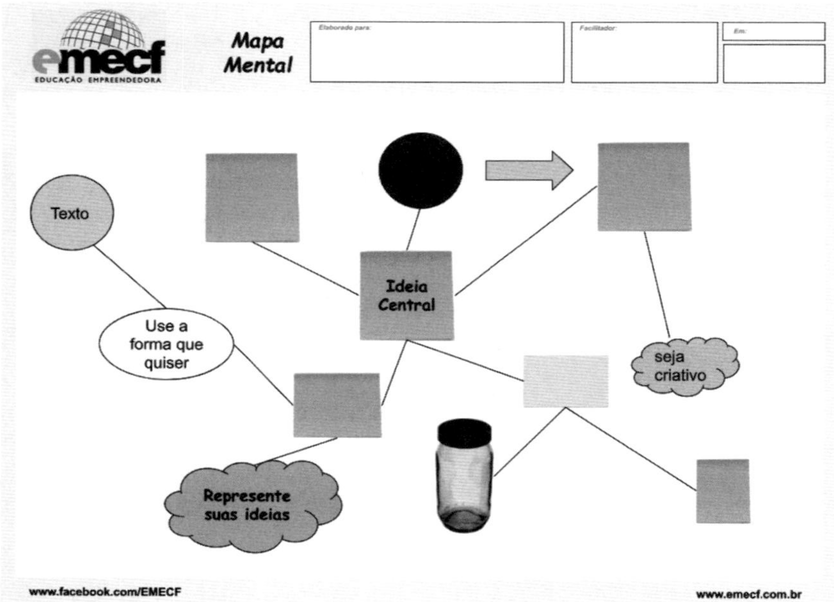
EMECF
EDUCAÇÃO EMPREENDEDORA
Mapa Mental
Elaborado para:
Facilitador:
Em:
Texto
Ideia Central
Use a forma que quiser
seja criativo
Represente suas ideias
www.facebook.com/EMECF
www.emecf.com.br

CAPÍTULO 15

Quais métodos você já usou que deram certo no seu processo criativo?

Ao longo da minha jornada, a criatividade tem sido uma aliada constante. Já testei e refinei diversas estratégias, algumas bem-sucedidas, que abriram portas para novas oportunidades, enquanto outras não tiveram o mesmo sucesso. Contudo, cada uma delas sempre trouxe um aprendizado valioso. Cada experiência gerou *insights* que ampliaram meu repertório criativo.

Compartilhar o que funciona no processo criativo é como abrir uma janela para que outros também possam se inspirar e criar suas próprias práticas. Neste capítulo, vou compartilhar com você algumas das ferramentas e métodos que têm me ajudado a transformar ideias em realidade. Convido você a se permitir experimentar e descobrir novas possibilidades para desbloquear ou expandir seu potencial criativo.

Mapa Mental: O Desenho do Pensamento

Uma das ferramentas mais poderosas que já usei no meu processo criativo é o mapa mental. Ele é uma espécie de desenho da estrutura do pensamento, ideal para organizar ideias ou encontrar soluções para problemas complexos. O mapa mental permite que você comece com uma ideia central e a desdobre em ramificações que incluem ideias secundárias, conexões e ações.

Por exemplo, em um projeto, usei o mapa mental com o formato das escamas de um dragão para criar uma metodologia chamada Coach Dragons. Essa estrutura inusitada ajudou a organizar o conteúdo, definindo módulos e estratégias para treinamentos presenciais e *on-line*. O mapa mental não é apenas funcional; ele provoca sinapses e conexões criativas que talvez não surgissem em um ambiente mais linear.

Como criar o seu mapa mental? Coloque uma ideia ou problema central no meio de uma folha — esse será o ponto de partida para suas reflexões. A partir daí, permita que os desdobramentos fluam livremente, conectando pensamentos e *insights* de forma natural. Utilize desenhos, fluxogramas ou palavras-chave para representar suas ideias, e não tenha medo de usar formatos não convencionais. Quanto mais visual e intuitivo for o mapa mental, mais fácil será para você explorar e organizar suas ideias.

A Importância da Experimentação

Outro método que deu certo para mim foi a prática de transformar pequenas ideias em experimentos. Não tenha medo de errar ou testar. Um exemplo disso foi quando usei elementos aparentemente simples, como analogias do cotidiano, para criar conceitos inovadores. Muitas vezes, uma ideia aparentemente básica pode se tornar uma solução transformadora quando analisada sob um novo prisma.

Por exemplo, ao enfrentar uma crise criativa, escolhi aplicar técnicas de perguntas inversas: "E se eu olhasse para isso pelo lado oposto?" ou "Como resolver isso de uma maneira completamente nova?". Essas provocações ajudam a desmontar conceitos óbvios e abrir caminhos inexplorados.

A Jornada do "Feito é Melhor que Perfeito"

Em momentos de dúvida, adotei o mantra de que "feito é melhor que perfeito". Isso me permitiu avançar em projetos que pareciam travados pela busca incessante por uma perfeição inatingível. Essa abordagem não significa negligenciar a qualidade, mas entender que o movimento é essencial para a criação.

Por exemplo, em uma série de *podcasts* que criei, a ideia inicial era apenas compartilhar conhecimento. Com o tempo, os ajustes foram sendo feitos. Se eu tivesse esperado pelo cenário ideal ou pelo equipamento perfeito, provavelmente nunca teria iniciado.

Como diz Mario Sergio Cortella, filósofo e escritor brasileiro: "Faça o teu melhor nas condições que você tem, enquanto não tem condições para fazer melhor ainda".

Ferramentas Visuais e Contação de Histórias

Outro método eficaz é a utilização de histórias e metáforas. Transformar conceitos abstratos em narrativas concretas ajuda tanto a organizar ideias quanto a comunicá-las. Lembro-me de usar a metáfora de uma jornada com obstáculos para explicar um processo complexo a um grupo de alunos. Foi como magia: todos entenderam e se engajaram.

Dicas Práticas para Seu Processo Criativo

Desafie o Comum: faça perguntas diferentes, experimente mudar o formato usual de suas ideias.

Dê Espaço ao Erro: não tenha medo de falhar. O erro pode ser o seu melhor professor.

Tenha uma Rotina Flexível: mesmo as melhores ideias surgem quando o cérebro está relaxado. Reserve momentos para desconectar e refletir.

Explore Outros Ambientes: às vezes, um novo espaço físico é o suficiente para inspirar grandes criações.

Visualize o Futuro: use ferramentas como a metodologia SMART para transformar sonhos em objetivos concretos.

O Poder da Criação Intencional

Criar é um ato de coragem. Usar métodos como mapas mentais, experimentação, ferramentas visuais e histórias, além de não temer o erro, são passos essenciais para quem quer transformar o ordinário em extraordinário. Esses métodos têm sido fundamentais no meu trabalho e espero que inspirem você a descobrir o que funciona no seu processo criativo.

Permita-se criar. Teste, refine e continue explorando.

aTiViDadeS

Atividades práticas para estimular a criatividade

1. Construção de Mapas Mentais

Objetivo: organizar ideias e encontrar conexões inesperadas.

Instruções:

Escolha um tema ou desafio que deseja explorar.

No centro de uma folha ou ferramenta digital, escreva o tema principal.

Crie ramificações que representem subtemas ou ideias relacionadas.

Use cores, símbolos e desenhos para destacar informações.

Revise e adicione conexões entre os tópicos que forem surgindo.

Dica: experimente um formato criativo, como um dragão ou um fluxo orgânico, para estimular a inovação.

2. Exercício de Experimentação

Objetivo: testar novas abordagens para resolver problemas.

Instruções:

Escolha um problema simples.

Liste três maneiras convencionais de resolvê-lo.

Em seguida, inverta essas soluções. Pergunte-se: "E se eu fizesse exatamente o contrário?".

Implemente pelo menos uma das ideias invertidas.

Dica: registre os resultados em um diário para revisitar e refinar suas estratégias.

3. "Feito é Melhor que Perfeito"

Objetivo: superar bloqueios criativos e aumentar a produtividade.

Instruções:

Escolha uma tarefa que você está adiando por querer que ela saia perfeita.

Defina um limite de tempo para executá-la sem interrupções (ex.: 30 minutos).

Após concluir, revise o trabalho e anote os pontos de melhoria para uma segunda etapa.

Dica: comemore a conclusão da tarefa, mesmo que não esteja ideal, reforçando o hábito de finalizar projetos.

4. Criação de Narrativas

Objetivo: comunicar ideias complexas de maneira acessível.

Instruções:

Identifique um conceito abstrato ou uma ideia complexa que deseja explicar.

Transforme-o em uma história ou metáfora. Ex.: compare uma jornada criativa a escalar uma montanha.

Apresente essa história a um grupo de pessoas ou grave-a para compartilhar *on-line*.

Dica: inclua elementos visuais, como desenhos ou *slides*, para reforçar a mensagem.

Técnicas Adicionais

***Mindfulness* para a Criatividade:** reserve 5 minutos para meditar antes de iniciar uma atividade criativa. Concentre-se na respiração para liberar a mente de distrações.

Exploração de Novos Ambientes: trabalhe em um local diferente (cafeteria, parque ou biblioteca) para estimular sua percepção e criatividade.

Diário de Ideias: mantenha um caderno para registrar diariamente *insights*, sonhos e pensamentos. Revisite o diário semanalmente para encontrar padrões e conexões.

CAPÍTULO 16

O QUE VOCÊ FAZ PARA MUDAR SUA SITUAÇÃO ATUAL?

Mudar a situação em que nos encontramos é um desafio que começa com uma pergunta poderosa: o que estou fazendo para alcançar uma transformação? Essa pergunta, enviada por Sheila, uma gerente de vendas que está sempre buscando se reinventar, nos leva a refletir sobre as escolhas e ações que nos conduzem a novos caminhos. Este capítulo explora estratégias práticas e reflexões que podem te ajudar a tomar as rédeas da mudança.

Entenda o ponto de partida

Antes de tudo, para viver uma transformação é essencial reconhecer a situação atual e identificar o que está faltando para que ela mude. Muitas vezes, o maior obstáculo está no fato de que ainda não sabemos como avançar. Isso exige curiosidade e uma análise honesta de onde estamos, o que já funcionou no passado e o que precisamos aprender ou desenvolver para progredir. A partir desse processo de autoanálise, começamos a ter clareza sobre o que realmente desejamos e sobre o que precisamos fazer para alcançar esse objetivo.

Refletir sobre sua jornada até aqui pode revelar recursos internos e estratégias já utilizadas que podem ser redescobertas. Buscar respostas no passado é um passo valioso, pois nossas experiências frequentemente guardam soluções ocultas e geram *insights* que podem ser aplicados ao nosso presente. Ao conectar os pontos entre o que já vivemos e o que desejamos alcançar, podemos descobrir caminhos que nos levarão a resultados significativos.

Educação e busca constante por aprimoramento

Para mudar qualquer situação, é imprescindível adquirir novas competências e expandir nosso conhecimento. Isso pode ser feito por meio de cursos, livros, mentorias, ou mesmo conversas enriquecedoras com pessoas criativas e inspiradoras. Participar de comunidades ou grupos de "mente mestra" pode ser um excelente meio de expor suas ideias a diferentes perspectivas e aprimorar suas estratégias.

Sheila destacou algo importante: a força para mudar pode depender de nossa autoestima e confiança. Quando percebemos que precisamos de ajuda, buscar suporte — seja de um *coach*, psicólogo ou amigo — pode fazer toda a diferença. Não há vergonha em pedir ajuda; pelo contrário, é um sinal de força e comprometimento com o próprio crescimento.

Planejamento e ação contínua

O próximo passo para a transformação que você tanto deseja é a ação. Planejar é essencial, mas agir diariamente, mesmo que de forma incremental, é o que realmente transforma uma ideia em realidade. Defina metas específicas e mensuráveis. Quando você transforma seus sonhos em objetivos concretos, com prazos e etapas bem definidas, começa a desenhar um mapa para conquistá-los. E, ao agir, você inicia a trilha que levará à sua realização.

É importante lembrar que as respostas nem sempre chegam na hora que queremos, mas sim no momento certo. Por isso, é fundamental agir sem desespero e sem se deixar levar apenas pela esperança. O movimento constante, sem ansiedade, permite que as mudanças aconteçam de forma mais natural e sustentável.

Aceite as oportunidades

Enxergar as oportunidades que surgem em meio aos desafios é um exercício de percepção e abertura. Muitas vezes, elas passam despercebidas por estarmos presos à negatividade ou ao desespero, consumidos por preocupações e medos que nos impedem de ver além dos obstáculos.

Pratique a atenção plena, que nos ajuda a estar no momento presente e a observar nossos pensamentos e emoções sem julgamento, contribuindo para reduzir a ansiedade e clarear a mente. Assim, você estará preparado para agarrar as oportunidades que podem surgir de maneira inesperada.

Transforme a mudança em um hábito

Mudanças consistentes vêm da disciplina de realizar pequenas ações diariamente. Divida suas metas em pedaços menores e trabalhe nelas constantemente. Essa abordagem progressiva evita a sobrecarga e garante que você mantenha o foco no que realmente importa.

Ao longo da jornada, não se esqueça de celebrar as pequenas conquistas. Elas são os degraus que te conduzem à transformação maior.

Conclusão: você é o agente da mudança

Mudar a sua situação atual começa com um olhar atento para dentro e uma disposição para agir. Isso inclui aprender, planejar, pedir ajuda quando necessário, e, principalmente, agir com determinação e sem medo de errar. Não existe um único caminho certo, mas há sempre a possibilidade de criar o seu próprio.

A transformação é uma decisão que começa com pequenos passos dados diariamente. Então, a pergunta que fica é: o que você vai fazer hoje para mudar sua situação atual?

ATIVIDADES PARA DESENVOLVIMENTO PESSOAL E TRANSFORMAÇÃO

1. Avaliação do Ponto de Partida

Objetivo: reconhecer sua situação atual e identificar áreas de melhoria.

Instruções:

Liste em uma folha três aspectos da sua vida que você gostaria de melhorar (ex.: carreira, saúde, relacionamentos).

Para cada aspecto, escreva o que já funciona bem e o que está faltando.

Reflita sobre ações específicas que podem ser tomadas para começar a mudança.

Ferramenta Sugerida: use uma tabela SWOT (Forças, Fraquezas, Oportunidades e Ameaças) para detalhar sua situação atual.

2. Planejamento SMART

Objetivo: transformar sonhos em objetivos concretos.

Instruções:

Escolha uma meta que deseja alcançar.

Estruture a meta usando a metodologia SMART:

Específica: defina claramente o que deseja.
Mensurável: determine como medirá o progresso.
Atingível: avalie se é realista, considerando seus recursos.
Relevante: verifique se está alinhada com seus valores.
Temporal: defina um prazo para alcançá-la.

Escreva um plano de ação com passos diários ou semanais.

Dica: utilize um aplicativo como o Trello ou o Notion para organizar suas metas e acompanhar o progresso.

3. Desenvolvimento de Competências

Objetivo: expandir conhecimentos e habilidades.

Instruções:

Identifique três habilidades ou conhecimentos que podem impulsionar sua mudança.

Escolha uma dessas habilidades e:

Leia um livro ou assista a um curso on-line relacionado.
Participe de um grupo ou comunidade sobre o tema.
Pratique ativamente a habilidade durante uma semana.

Repita o processo com as outras habilidades.

Ferramenta Sugerida: Coursera, Udemy ou grupos de "mente mestra" no LinkedIn.

4. Reflexão e Revisão da Jornada

Objetivo: aprender com experiências passadas.

Instruções:

Escreva em um diário três momentos da sua vida em que superou desafios.

Identifique os recursos internos e externos que usou para superar essas dificuldades.

Reflita sobre como pode aplicar esses recursos na sua situação atual.

Dica: reserve 10 minutos diários para essa prática, usando um aplicativo de *journaling**, como o Day One.

* *Journaling* é a prática de escrever regularmente em um diário, que pode incluir reflexões pessoais, experiências diárias, emoções, pensamentos e metas. O *journaling* é uma ferramenta usada para o autoconhecimento, a clarificação de ideias e a organização de pensamentos.

5. Prática da Atenção Plena

Objetivo: identificar oportunidades e reduzir o impacto da negatividade.

Instruções:

Sente-se em um local tranquilo e feche os olhos.

Foque em sua respiração por 5 a 10 minutos.

Ao final, reflita sobre uma situação recente e liste oportunidades que você não havia percebido antes.

Ferramenta Sugerida: aplicativos como Headspace ou Calm.

6. Criação de Hábito para Ações Consistentes

Objetivo: estabelecer pequenos passos diários para alcançar mudanças.

Instruções:

Escolha um hábito que apoie sua meta (ex.: ler 10 páginas de um livro, caminhar por 15 minutos).

Use a técnica da "Sequência de Hábitos".

Conecte o novo hábito a um já existente (ex.: após escovar os dentes, eu vou...).

Registre seu progresso diariamente por 21 dias.

Ferramenta Sugerida: **Habitica**** ou um calendário físico.

** **Habitica** é uma ferramenta inovadora que combina elementos de jogos de RPG com gerenciamento de tarefas e hábitos. Ela transforma o cumprimento de metas pessoais em uma experiência lúdica, ajudando os usuários a desenvolverem hábitos positivos, completarem tarefas e manterem o foco de forma divertida e motivadora.

Características Principais do HABITICA

1. Criação de Personagem:

Você começa criando um avatar que representa você no jogo. Conforme realiza suas tarefas no mundo real, seu personagem evolui, ganha itens, habilidades e moedas virtuais.

2. Divisão de Tarefas:

Hábitos: são ações recorrentes que você quer fortalecer ou eliminar (ex.: beber mais água, evitar redes sociais).

Tarefas Diárias: compromissos ou atividades que precisam ser feitos em um dia específico (ex.: fazer exercícios, ler um capítulo de um livro).

Tarefas Pendentes: projetos ou atividades únicas que você precisa completar em algum momento (ex.: renovar o passaporte, organizar um armário).

3. Recompensas:

Cada tarefa concluída concede pontos de experiência (XP), moedas virtuais e outros bônus que ajudam o personagem a progredir.

As moedas podem ser usadas para recompensas personalizadas, como "assistir a um episódio da série favorita" ou comprar itens dentro do jogo, como equipamentos para o avatar.

4. Sistema de Penalidades:

Se você falhar em cumprir suas tarefas, o personagem pode perder pontos de saúde, o que adiciona uma camada de responsabilidade às suas ações.

5. Interação Social:

Você pode se juntar a "Grupos" ou "Guildas" com pessoas que têm objetivos similares, promovendo apoio mútuo.

É possível formar "Equipes" para completar missões conjuntas, onde o desempenho de cada membro impacta o grupo.

6. Missões e Desafios:

Além de gerenciar hábitos, você pode participar de missões e desafios específicos que tornam a experiência ainda mais envolvente.

Como Usar o Habitica na Prática

1. Configuração Inicial:

Defina os hábitos que deseja criar ou eliminar, suas tarefas diárias e os projetos pendentes. Ajuste as recompensas de acordo com o que te motiva.

2. Monitore o Progresso:

Ao concluir as tarefas, marque-as como feitas e veja sua pontuação aumentar. Observe as estatísticas do seu personagem e ajuste suas metas conforme necessário.

3. Mantenha-se Motivado:

Utilize a comunidade para obter suporte ou participar de desafios motivacionais. Transforme pequenas conquistas em celebrações, reforçando sua motivação.

Por Que o Habitica Funciona?

Gamificação: transforma atividades cotidianas em um jogo, aumentando o engajamento e tornando a criação de hábitos mais divertida.

Visibilidade de Progresso: o crescimento do avatar e os prêmios visuais oferecem um senso de realização constante.

Responsabilidade Compartilhada: grupos e missões incentivam a consistência, pois seu desempenho afeta outros jogadores.

O Habitica é gratuito, mas oferece uma versão *premium* com recursos extras. Está disponível como aplicativo para Android e iOS, além de uma versão *web* que pode ser acessada pelo navegador.

Se você gosta de jogos e busca uma maneira divertida de organizar sua vida, o **Habitica** pode ser uma excelente ferramenta para transformar suas metas em conquistas!

BÔNUS

Escaneie o QR Code abaixo e tenha acesso gratuito às ferramentas sugeridas no livro "Seja Fora do Normal".

ePíLogo

Chegamos juntos ao final desta jornada, mas espero que este seja apenas o começo de uma nova fase em sua vida. Ao longo deste livro, exploramos diversas maneiras de desafiar o comum e abraçar o extraordinário. Discutimos a importância de sonhar, de ouvir sua voz interior e de encontrar felicidade mesmo nas situações mais difíceis.

A mensagem central de "Seja Fora do NoRmaL" é clara: o poder de transformar sua vida está em suas mãos. A chave para isso é ser corajoso o suficiente para ser diferente, para seguir seu próprio caminho e para acreditar em seu potencial único. Lembre-se sempre: ser fora do normal não é apenas uma escolha, é um estilo de vida que pode levar a realizações incríveis.

Refletindo sobre tudo o que discutimos, quero deixá-lo com uma última mensagem. A vida é uma série de escolhas e oportunidades, e a maneira como você decide vivê-la define quem você é. Ser fora do normal não significa ser excêntrico ou extravagante; significa ser fiel a si mesmo, perseguir seus sonhos com determinação e não sofrer tanto ao falhar.

Cada capítulo deste livro foi pensado para inspirar e motivar você a buscar a melhor versão de si mesmo. A jornada não termina aqui; na verdade, ela está apenas começando. Use as ferramentas e insights compartilhados neste livro para criar uma vida que não seja apenas bem-sucedida, mas também repleta de significado e propósito.

Obrigado por embarcar nesta viagem comigo. Que você sempre encontre coragem para ser fora do normal e descobrir a felicidade em sua singularidade.

Livraria Insight